BEN BODEN

— Knoten, Vorfach & Montagen

SEIT 1822

KOSMOS

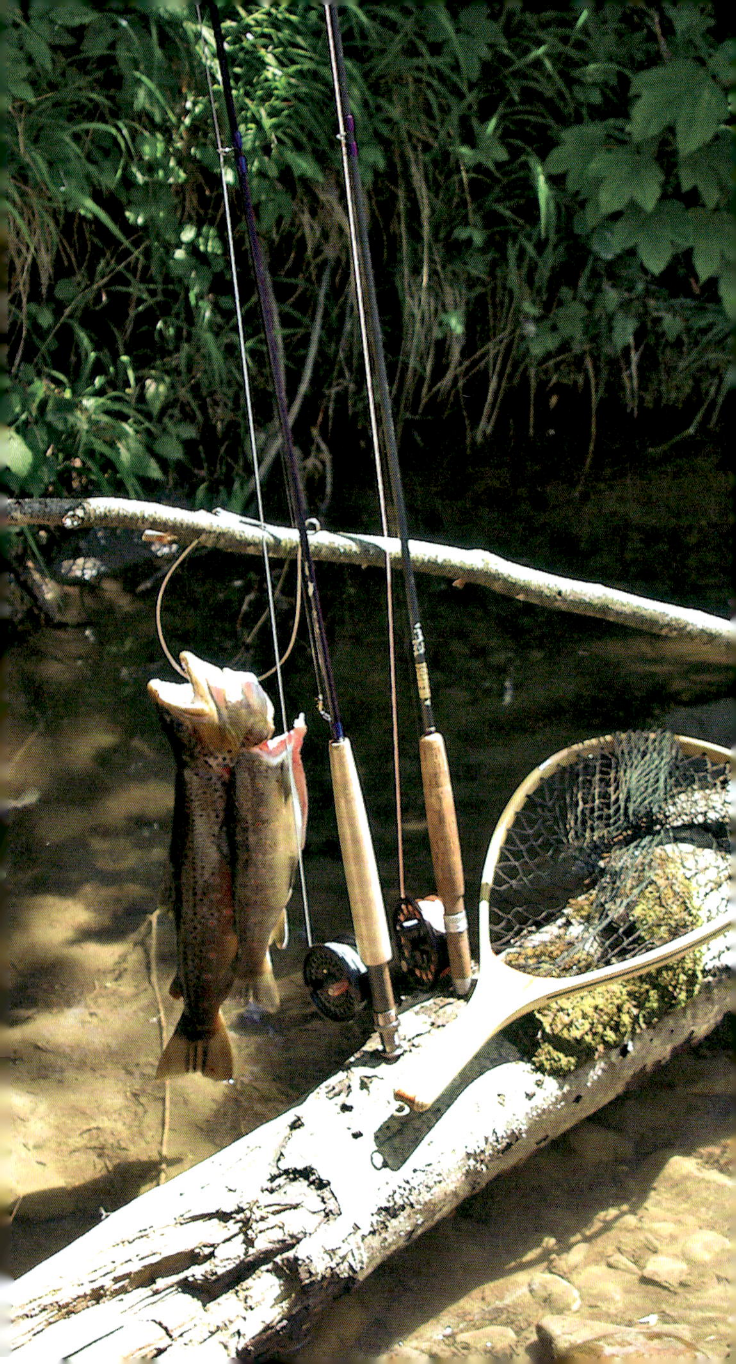

Inhalt

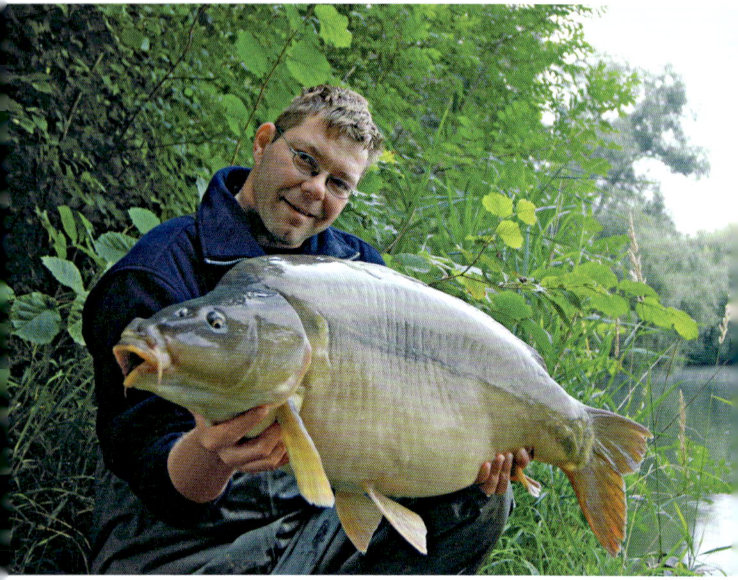

Das letzte Stück

Das letzte Stück wird beim Angeln „Montage" genannt. Damit ist das Stück gemeint, welches vom Ende der Hauptschnur bis zum Haken reicht. Es gibt viele Montagen, allein beim Karpfenangeln sind es etliche, dies gilt aber auch für das Raubfischangeln. Hier ist allein der Unterschied zwischen Spinnfischen und Ansitzangeln schon Grund genug für unterschiedliche Montagen. Aber auch wenn man sich den gewaltigen Unterschied zwischen dem feinen Fliegenfischen und dem äußerst robusten Wallerangeln klar macht, ist wohl ersichtlich, dass jede Angelmethode ihre eigenen Montagen benötigt.

Wenn es um Montagen geht, sprechen wir von verschiedenen Komponenten. Je nachdem welche technischen Teile notwendig sind, ist unterschiedliches Schnurmaterial zu wählen und je nachdem, welches Schnurmaterial verwendet wird, sind wiederum spezielle Knoten die sinnvollsten.
In diesem Buch möchte ich zuerst auf die verschiedenen Vorfächer eingehen und anschließend exemplarisch die wichtigsten Montagen vorstellen. Zu jedem Vorfach und zu jeder Montage, gibt es jeweils einen speziellen Knoten, der angewendet werden kann.

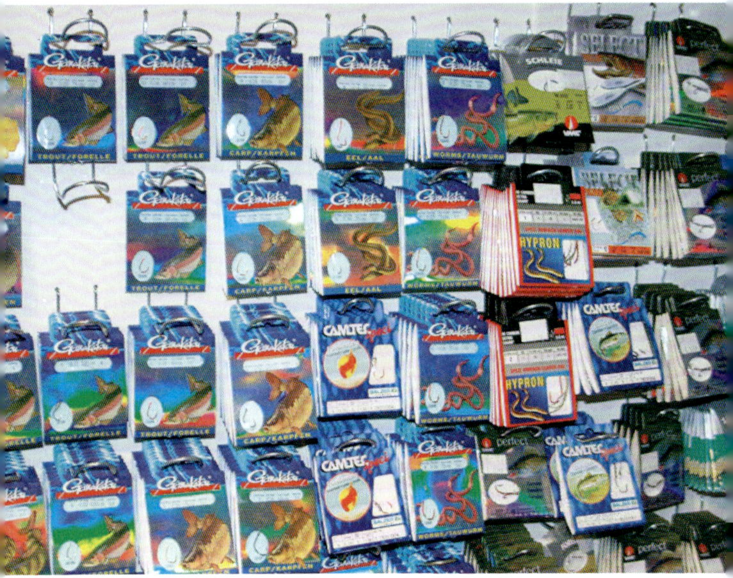

Umwelt

Bitte denken Sie immer an die Umwelt. Ich finde so oft an meinem Angelplatz Schnur- oder Verpackungsreste vor, dass man das gar nicht oft genug erklären kann. Die meisten meiner Angelfreunde verhalten sich auch richtig, aber es sind eben die wenigen, die es falsch machen, die dann auffallen und unseren Ruf schädigen.
Ich habe beim Angeln immer einen Müllsack dabei, der nimmt nicht viel Platz weg und man kann anfallenden Müll sofort entsorgen, zu Hause noch schnell in die Mülltonne und schon ist alles erledigt. Bitte vergessen Sie nicht, dass jeder hinterlassene Schnurrest, Tiere im und am Wasser gefährden kann und dass unser Planet schon genug unter Umweltverschmutzung leidet. Angeln ist anerkannter Naturschutz, dazu gehört eben auch die Hege und Pflege von Gewässern.

FERTIGVORFÄCHER
Je nachdem, wie viel man angelt, wird man sich spezialisieren und zumindest die Vorfächer für sein Spezialgebiet selbst bauen. Ich zum Beispiel setze beim Angeln auf Köderfisch oder auch beim Angeln am Forellenteich immer auf Fertigvorfächer. Alles andere baue ich selbst.

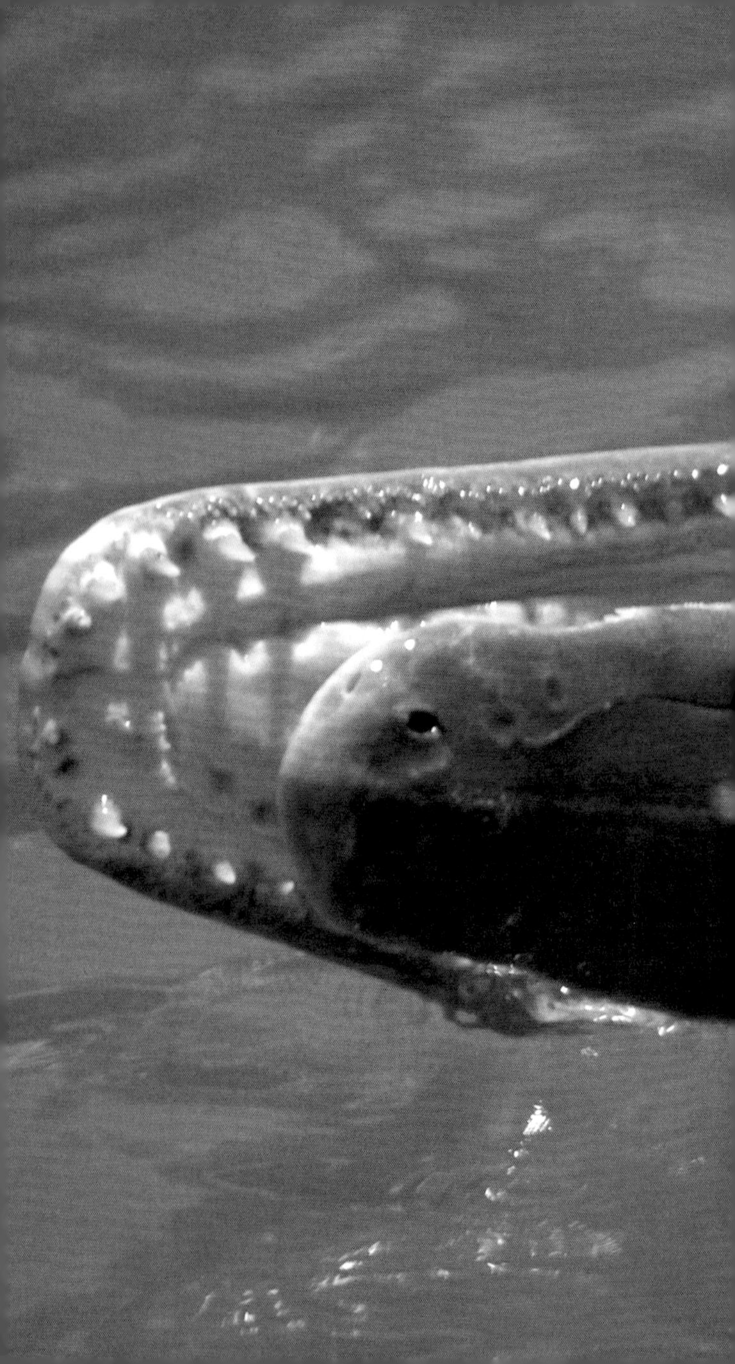

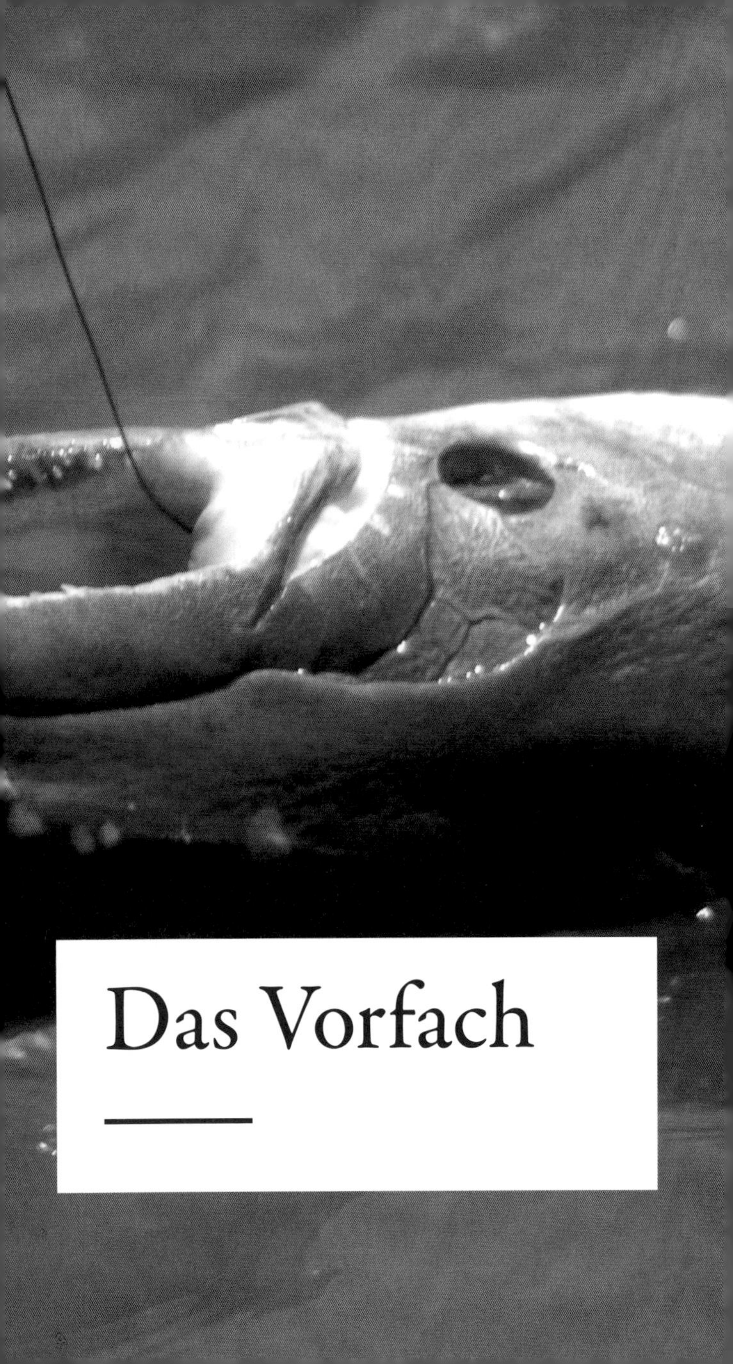

Das Vorfach

Das Vorfach

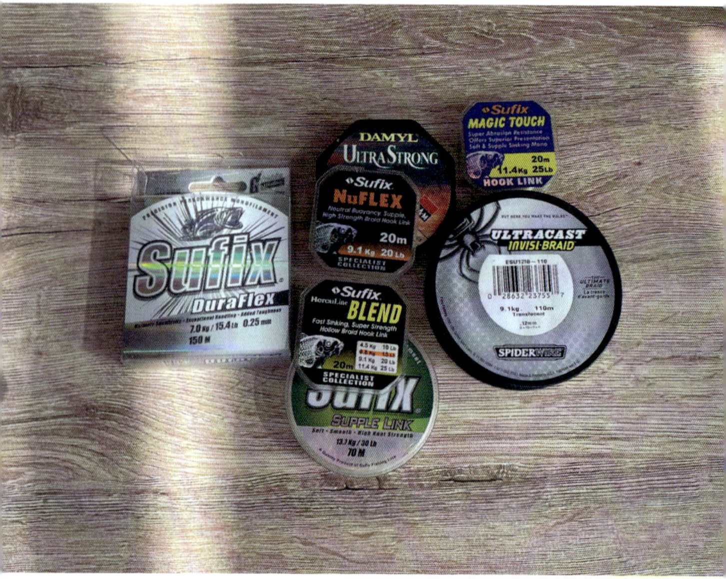

Mono, Multi & Co.

Der Haken wird an das Vorfach gebunden, es ist also das Stück zwischen Hauptschnur und Haken. Das Vorfach ist normalerweise etwas dünner als die Hauptschnur, hierbei reden wir von einer dicke von 0,05 mm bis 0,1 mm.

Das Vorfach ist dünner als die Hauptschnur, da es als Sollbruchstelle gedacht ist. Wenn es schon einen Schnurbruch gibt, dann soll der Fisch nicht mit 100 m Schnur plus Montage im Wasser herumschwimmen, sondern maximal mit dem Vorfach.

Es kann aus verschiedensten Materialien bestehen, so gibt es heutzutage monofile und multifile Vorfächer, Fluorocarbon-Vorfächer, Hardmono-Vorfächer, Stahlvorfächer, Kevlarvorfächer und noch einige mehr. Auf den folgenden Seiten werde ich auf die wichtigsten davon genauer eingehen.

Welches wofür?

Auch zum Thema welches wofür werde ich später mehr erzählen, hier nur als Übersicht die verschiedenen Verwendungszwecke. Den wichtigsten Grund für die Verwendung eines Vorfachs hatte ich ja schon genannt, nämlich die Sollbruchstelle, aber natürlich gibt es noch weitere. So sind beispielsweise Hechtzähne extrem scharf.

FLEXIBEL SEIN
Am Wasser kann man sich immer wieder auf Überraschungen einstellen. Was macht man bei einem Wochenendausflug auf Karpfen, wenn die dicken Jungs nicht beißen wollen und man hört die Hechte rauben? Wohl dem, der das nötige Vorfach dabei hat und einfach mal schnell umbauen kann. So flexibel sollte man am Wasser sein.

Um sich dagegen zu wappnen, werden Vorfächer benutzt, die diesen Zähnen widerstehen können. Forellen beangelt man gern mit möglichst unscheinbaren bis unsichtbaren Vorfächern und bei Karpfen sollten die Vorfächer möglichst geschmeidig sein, damit die Köder im Idealfall vollständig natürlich wirken.

Knoten

Es gibt viele Angelknoten und nicht jeder Angler wird alle Knoten in seiner Angelkarriere wirklich benutzen. Man kann aber mit dem falschen Knoten eine Bruchlandung erleben, wenn eine monofile Schnur durch die Knotenreibung so heiß geworden ist, dass sie nicht mehr die vorherige Tragkraft besitzt oder wenn man zwei robuste Schnüre mit einem Knoten verbinden will, der für dünnere Schnüre gedacht ist. So könnte man diese Beispiele fortführen, aber darauf gehe ich später ein und werde für jedes Schnurmaterial einen Knoten vorstellen, der bei diesem Material funktionieren wird.

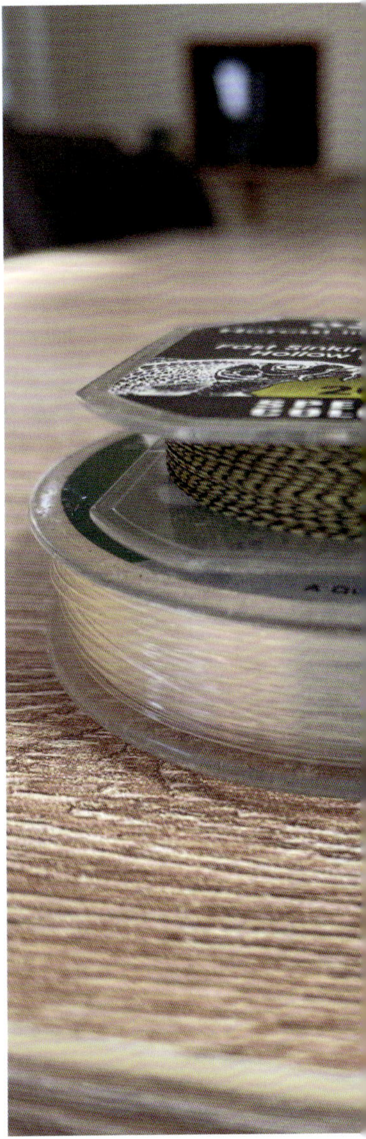

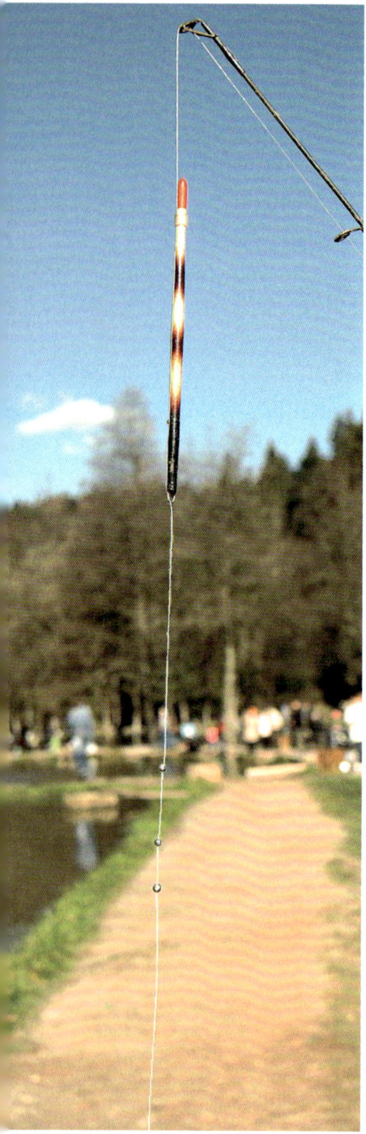

Das monofile Vorfach

Das monofile Vorfach ist sicherlich das traditionellste, aber eigentlich reden wir ja gerade über das Material der Schnur und nicht über das Vorfach an sich. Es ist das am häufigsten verwendete Vorfach beim Angeln, vermutlich auf der ganzen Welt. Es heißt monofil, weil es aus einem einzigen Faden besteht, der heutzutage ein Nylonfaden verschiedener Stärke ist. Da ein normales Vorfach immer 0,05 bis 0,1 mm schwächer sein sollte als die Hauptschnur, ist es relativ einfach zu wählen. Allerdings sollte man schon darauf achten welche Art des Fischens man betreibt. So wird man, wenn man letztes Wochenende auf Karpfen unterwegs war und mit einer 0,35 mm Angelschnur gefischt hat, am nächsten Wochenende kaum Forellen fangen, wenn man mit einem 0,30 mm Vorfach loszieht. Diese Vorfachstärke ist für Forellen zu auffällig. Für Forellen sollte man keine Vorfächer von mehr als 0,20 mm verwenden und das wiederum bedeutet, dass die Hauptschnur nur ca. 0,25 mm stark sein sollte. Aber keine Sorge jeder Angler wird früher oder später seine Spezialausrüstung haben, sodass man nicht permanent die Schnüre von der Rolle holen muss, sondern ganz einfach zur Forellenausrüstung greift, wenn es auf Forellen gehen soll.

Vor- und Nachteile

Monofile Schnur nimmt nahezu kein Wasser auf und kann unter normalen Umständen eigentlich nicht verrotten oder verfaulen. Außerdem ist sie bis zu einem bestimmten Punkt elastisch, was die Fluchten der Fische gut abpuffern kann.

Als Nachteil empfindet mancher Angler, dass der Kontakt zum Fisch nicht so direkt ist, wie bei anderen Schnüren. Allerdings ist direkter Kontakt nur unter bestimmten Bedingungen nötig und wenn man auf diese stößt, sollte man eben ein anderes Schnurmaterial wählen. Einer der Vorteile kann auch zum Nachteil werden. Wenn ein Fisch durch einen Schurbruch etliche Meter Schnur mit sich herumträgt, verrottet diese nicht. Selbst wenn der Fisch irgendwann die Schnur loswird, bleibt sie doch für immer als gefährliche Falle auf dem Gewässerboden.

Typische Verwendung

Beim Angeln auf Friedfische oder speziell auf Köderfische für das spätere Raubfischangeln, verwendet man nahezu ausschließlich monofiles Vorfach. Auch auf Forellen, wenn man diese am Forellenteich beangelt, sollte man dieses verwenden. Geht man mit der Fliegenrute auf die Forellenjagd, ist das etwas spezieller, darauf gehe ich später noch ein.

Auch Nylonschnüre leiden unter dauerhafter Verwendung. Sie liegen lange in der Sonne, gefrieren oft, hängen in Bäumen, etc. Am einfachsten prüft man die Qualität, indem man die Schnur zwischen Daumen und Zeigefinder hindurchzieht. Fühlt man dabei deutliche Unebenheiten, sollte man sie tauschen. Bitte die alte Schnur immer vernünftig entsorgen, denn wie erwähnt ist sie unverrottbar.

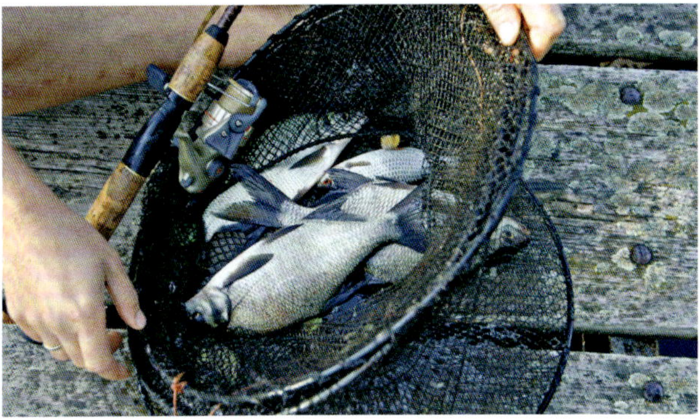

Weißfische werden mit monofilem Vorfach beangelt.

Der Plättchenknoten

Dies ist ein absolut typischer Knoten beim Angeln mit monofilen Vorfächern, vor allem beim feinen Fischen. Wenn man seine Vorfächer selber bindet, muss man den Plättchenknoten kennen, er ist bei feinem Material und Plättchenhaken unabdingbar. Und so geht's …

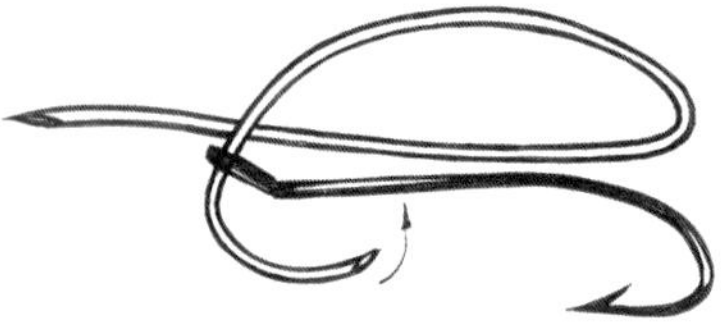

Schritt 1
Mit der Schnur eine Schlaufe an der Außenseite des Hakens bilden und das Ende der Schnur, welches nicht zur Hauptschnur führen soll, ein wenig überstehen lassen.

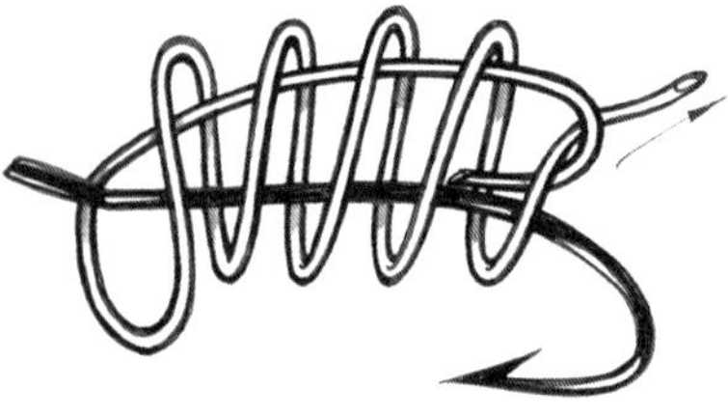

Schritt 2
Das überstehende Ende der Schnur über den Hakenschaft und die Schnurschlaufe mehrfach von oben nach unten wickeln. Immer darauf achten, dass sauber gewickelt wird, damit keine Schnurquetschungen entstehen. Je nach Hakengröße bis zu acht Wicklungen. Unten, kurz vor dem Hakenbogen das Schnurende durch die Schlaufe ziehen.

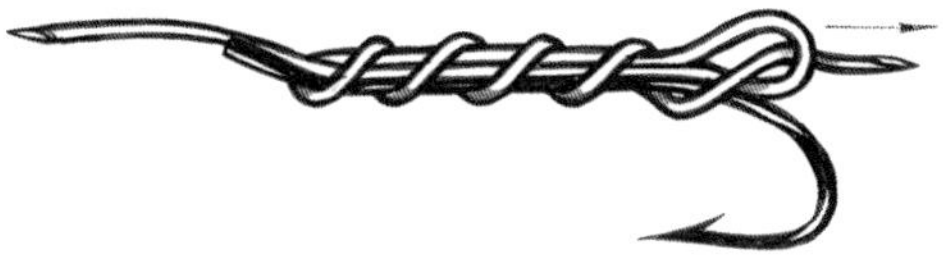

Schritt 3

Durch leichtes Ziehen in beide Richtungen den gesamten Knoten langsam und vorsichtig an den Schaft anlegen. Das Ganze anfeuchten, beispielsweise mit Spucke, und dann festziehen.

Das Befeuchten vor dem Festziehen ist bei jedem Knoten notwendig, da durch Reibung Hitze entsteht und dadurch die Schnur geschädigt werden kann.

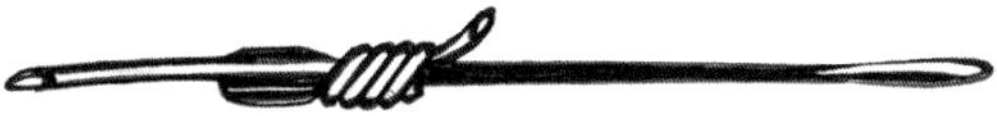

Schritt 4

Nach dem Festziehen sollte der Knoten unter dem Plättchen sitzen, das abstehende Ende sollte eingekürzt werden. Mit einem Feuerzeug kann man das Ende ankokeln, dadurch entsteht ein Sicherheitsknubbel.

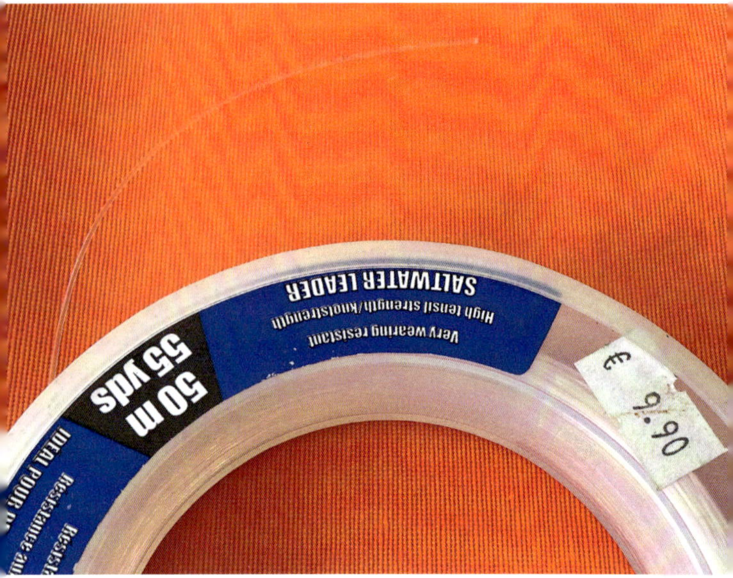

Hardmono

Als Hardmono wird eine spezielle Nylonschnur bezeichnet. Sie ist oberflächenbehandelt und dadurch sehr abriebfest, steif, kringelfrei und nahezu transparent. Hardmono wird in eher starken Durchmessern produziert und ist deswegen für die gröbere Fischerei geeignet. Beispielsweise wird Hardmono als Ersatz für Stahlvorfächer beim Hechtangeln genutzt. Hier scheiden sich allerdings die Geister. Während die einen auf Hardmono schwören, weil es erheblich unscheinbarer als ein Stahlvorfach ist, schimpfen die anderen, dass die Verwendung von Hardmono beim Hechtangeln geradezu verantwortungslos sei, da es den Hechtzähnen eben doch nicht widerstehen kann. Fakt ist, dass man Hardmono direkt knoten kann. Jeder, der beim Spinnfischen mit Stahlvorfächern angelt, weiß, dass die nötigen Tönnchen und Wirbel das Laufverhalten der Köder beeinflussen. Das ist mit Hardmono erheblich besser. Außerdem gibt es Spezialisten, die behaupten 25 Hechte mit einem Hardmono-Vorfach gefangen zu haben, ohne dass die Schnur Beschädigungen aufweist.
Wie immer gibt es sicher einen Mittelweg. Es ist richtig, dass ein Stahlvorfach die größte Sicherheit

gibt, aber wenn man das Hardmono nach jedem Einsatz sorgfältig prüft, kann man es auch zum Hechtangeln verwenden.

Exotisches

Es gibt aber genügend Einsatzbereiche für Hardmono, in denen es ohne jede Diskussion alternativlos ist, wie zum Beispiel bei fast jeder Art des Hochseeangelns. Ob Marlin, Barracuda oder Thunfisch (siehe Foto auf dieser Seite), hier wird Hardmono eingesetzt und zwar erfolgreich. Hochseeangeln, bei den Spezialisten auch Big-Game-Fishing genannt, ist sicherlich das traditionellste und wichtigste Einsatzgebiet für Hardmono.
Ich persönlich habe aber auch meine Nilbarsche in Uganda alle mit Hardmono gefangen, genauso wie Arapaimas in Südamerika. Klar, solche Angelabenteuer sind nicht gerade Alltag, aber wenn es auf Nilbarsche funktioniert, geht es mit einer etwas filigraneren Ausführung auch zu Hause auch auf Barsche.
Hardmono ist aufgrund seiner Eigenschaften ein sehr interessantes Material. Man muss es nicht inflationär einsetzen, aber in der richtigen Situation macht es den Unterschied aus, der zum Erfolg führt.

QUETSCHHÜLSE

Für Hardmono muss man auf stabilere Knoten zurückgreifen (siehe nächste Seite) aber man kann auch auf Knoten verzichten. Hardmono kann tatsächlich auch, wie Stahlvorfächer, mit Quetschhülsen verwendet werden. Wie eine Quetschhülsenverbindung funktioniert, erfahren Sie auf Seite 36.

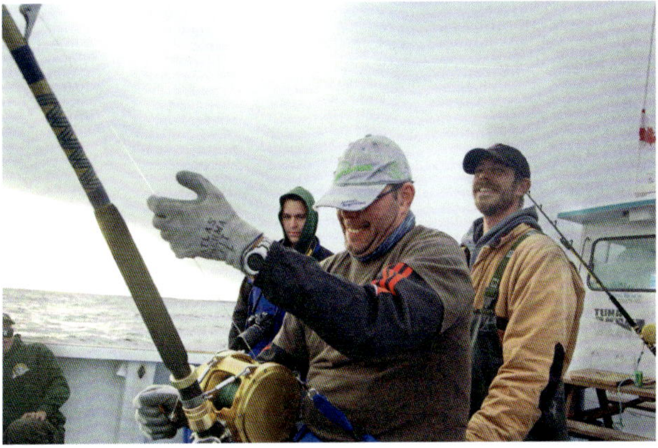

Hochsee-Angler verwenden häufig Hardmono.

Der Offshore-Knoten

Wie die Übersetzung ins Deutsch es nahelegt, ist dies ein Knoten der häufig beim Big-Game-Fishing verwendet wird. Allerdings wird er auch gern für geflochtene Schnüre verwendet.

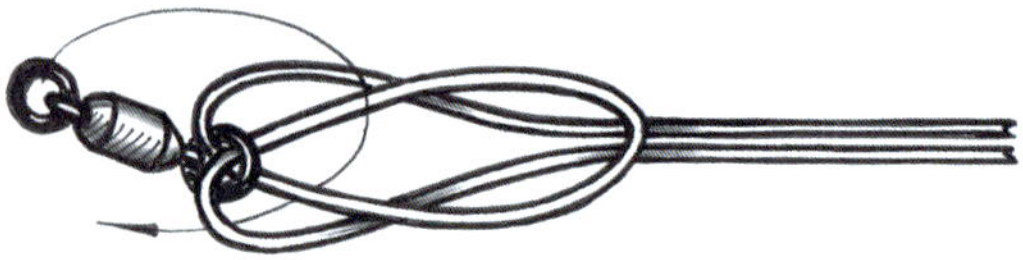

Schritt 1
Man bildet eine Schlaufe von ca. 20 cm Länge und führt diese durch das Öhr des Hakens oder Wirbels. Nun wird die Schlaufe so zurückgelegt, dass zwei übereinander liegende Schlaufen entstehen, sozusagen eine Doppelschlaufe.

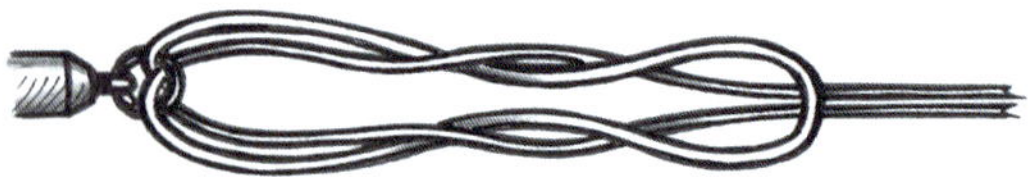

Schritt 2
Der Haken oder auch Wirbel wird nun immer wieder durch die Doppelschlaufe hindurchgeführt. Je nach Dicke des Materials können fünf bis acht Windungen ausgeführt werden.

Schritt 3

Bitte immer darauf achten, dass die Schnur gleichmäßig parallel liegt, damit Quetschungen vermieden werden, wenn es so aussieht wie auf dem Bild, ist es perfekt gelungen.

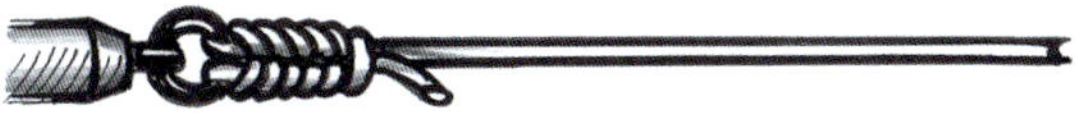

Schritt 4

Jetzt durch leichtes Ziehen in beide Richtungen das Gebilde näher zusammenführen. Dann Anfeuchten, festziehen und einkürzen. Schon ist der Knoten einsatzbereit.

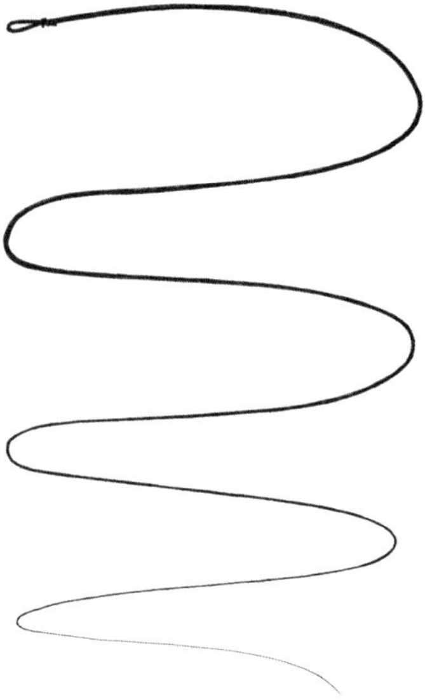

Das verjüngte Vorfach für Fliegenfischer

Verjüngte Vorfächer kommen überwiegend beim Fliegenfischen zum Einsatz. Bei ihnen ist der Clou nicht das Material, sondern der Umstand, dass die Schnurstärke zum Ende hin abnimmt. So können diese Vorfächer mit einem Schnurdurchmesser von mehr als 0,40 mm beginnen und mit einem Durchmesser von 0,10 mm enden. Natürlich könnte man das auch erreichen, indem man viele verschiedene Schnüre Stück für Stück aneinanderknotet, aber das widerspricht der Technik des Fliegenfischens.
Beim Fliegenfischen soll sich die Schnur beim abschließenden Wurf sanft auf die Oberfläche senken. Das ist mit einer verjüngten, also knotenlosen Schnur am einfachsten zu bewerkstelligen.
Natürlich ist diese Schnur nicht unendlich lange haltbar. Spätestens beim ersten Fliegenwechsel muss man ein Stück abschneiden. Aus diesem Grund ist das letzte Stück, das sogenannte Tipping, meist doch angeknotet. Aber durch das Verwenden der verjüngten Schnur lässt sich besser werfen. Außerdem kann man diese Vorfächer deutlich länger verwenden, da immer nur das letzte Stück ausgetauscht wird.

Materialien

Als Material kommen sowohl Nylon als auch Fluorocarbon zum Einsatz. Was Fluorocarbon genau ist, wird auf Seite 22 erklärt.
Nylon verwendet man für Trockenfliegen, Fluorocarbon für sinkende Fliegen.
Trockenfliegen werden beim Fliegenfischen verwendet, wenn die Forellen Nahrung von der Oberfläche nehmen. Eine Trockenfliege schwimmt also nach dem Wurf auf der Oberfläche, dies gelingt mit gefetteter Nylonschnur am besten. Fluorocarbon sinkt deutlich besser und schneller ab, weswegen es zum Fischen mit der Nassfliege, also unterhalb der Oberfläche verwendet wird.
Das Fischen mit der Trockenfliege gilt als höchste Kunst des Fliegenfischens.

Viele Angler waren noch nie Fliegenfischen. Zu mystisch klingen die Geschichten von der Königsdisziplin des Angelns. Ich rate dazu, es unbedingt zu probieren. Letztendlich ist es keine Zauberei und tatsächlich recht einfach zu erlernen. Natürlich wird man nicht in kürzester Zeit zum Profi, aber den Überkopfwurf und den Rollwurf hat man schnell erlernt und schon kann man den Forellen mit der Fliege nachstellen. Fliegenfischen ist eine äußerst reizvolle und aktive Art zu fischen, ich kann es nur empfehlen.

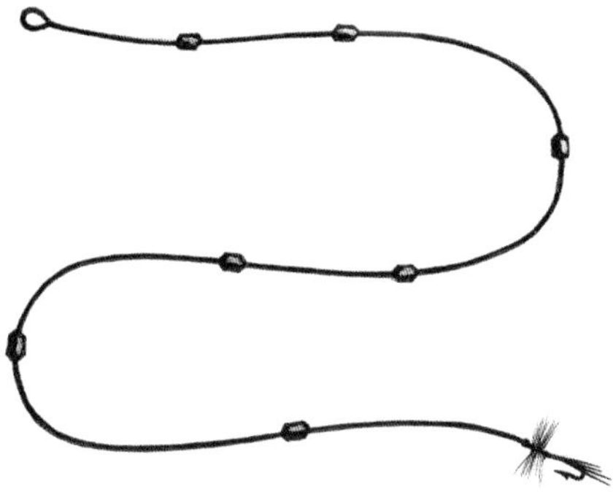

Im Gegensatz zum „verjüngten" Vorfach, ist diese hier geknotet.

Der Nadelknoten

Der Nadelknoten kommt nur beim Fliegenfischen zum Einsatz. Er verbindet das verjüngte Vorfach mit der Fliegenschnur. Als Hilfsmittel benötigt man eine dicke Nähnadel.

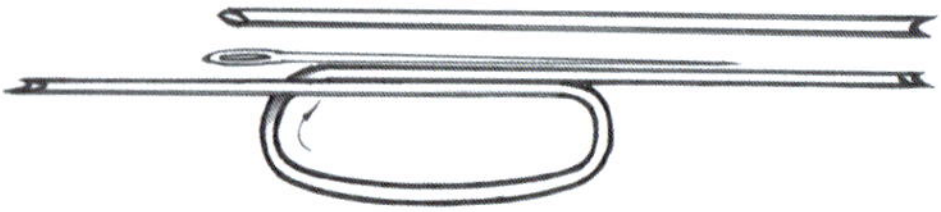

Schritt 1
Vorfach und Fliegenschnur werden nebeneinandergelegt, dabei zeigen beide Schnurenden in unterschiedliche Richtungen. Nun wird mit dem Vorfach eine Schlaufe gelegt. Zwischen Vorfach und Fliegenschnur legt man die Nadel so, dass die Spitze in Richtung des langen Endes der Fliegenschnur zeigt. Das Nadelöhr zeigt zum langen Ende des Vorfachs.

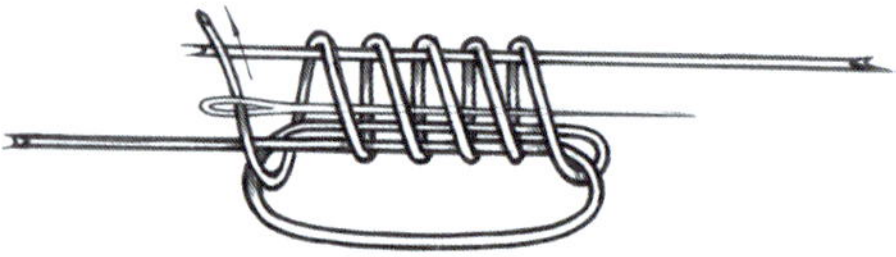

Schritt 2
Das Vorfachende wird nun zuerst in die Schlaufe gefädelt und anschließend mehrfach um die Fliegenschnur, die Nadel und in die Schlaufe gewickelt. Das Ganze sollte ca. fünfmal gewickelt werden. Am Ende der Wicklungen das Vorfach durch das Öhr der Nähnadel fädeln.

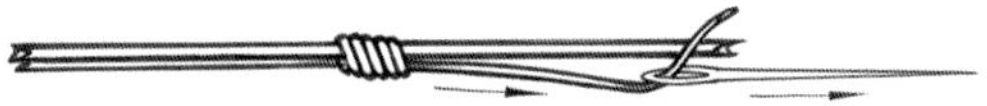

Schritt 3
Nun die Nadel samt Vorfach durch das gesamte Konstrukt ziehen. Es gibt auch die Variante mit dem Durchstechen der Fliegenschnur. Ich persönlich mag das nicht, da ich der Meinung bin, dass jede Verletzung der Schnur eine unnötige Schwachstelle bildet.

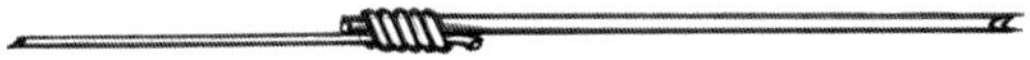

Schritt 4
Schnur befeuchten und fest anziehen, sodass die Fliegenschnur fest gequetscht wird. Abschließend noch das Vorfach-Ende einkürzen und fertig. Die Tragkraft dieses Knotens beträgt ca. 90 Prozent.

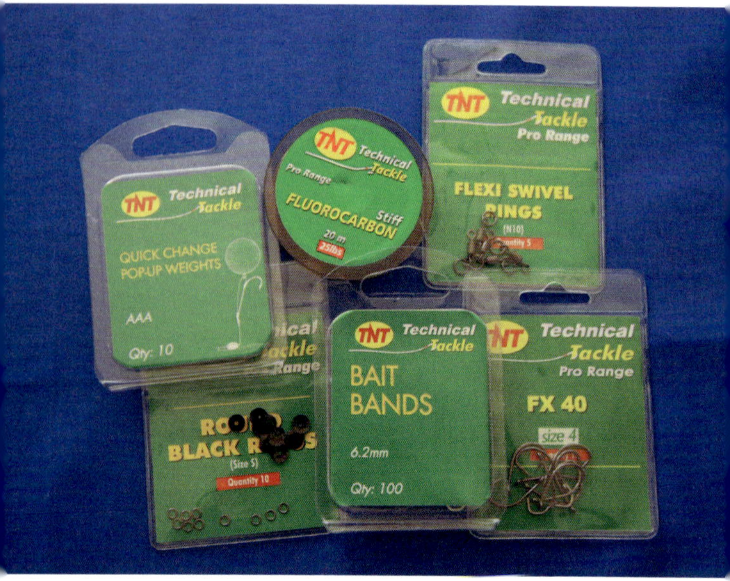

Fluorocarbon

Wenn man es genau nimmt, ist Fluorocarbon natürlich auch eine monofile Schnur, aber eben nicht die „monofile", denn mit dieser ist der herkömmliche Nylonfaden gemeint. Fluorocarbon hat aber einige interessante Eigenschaften, die das Angeln in verschiedenen Situationen erleichtern.

Schwer und unsichtbar

Das Material hat eine höhere Dichte als Wasser und sinkt somit sehr schnell zum Gewässergrund, das ist schon mal eine sehr hilfreiche Eigenschaft beim Angeln. Außerdem ist der Lichtbrechungsindex dem des Wassers ähnlicher, als das bei anderen Materialien der Fall ist. Dadurch ist die Schnur unter Wasser unauffälliger. Unsichtbar wird zwar in der Werbung gern verwendet, aber ist dann doch übertrieben. Fluorocarbon ist steifer als Nylon und abriebfester, was besonders beim Kontakt mit Steinen oder Muschelbänken hilfreich sein kann.

Nachteile

Fluorocarbon hat bei gleichem Durchmesser wie Nylon weniger Tragkraft, was bedeutet, dass sie schlicht und ergreifend früher reißt oder eben in größerem Durchmesser gefischt werden muss.

Außerdem hat diese Schnur einen gewaltigen Memoryeffekt, was wiederum bedeutet, dass man sie vor Benutzung straffen muss, damit sie gerade liegt.

Verwendung

Die traditionelle Verwendung kommt vom Fliegenfischen. Hier wird Fluorocarbon gern eingesetzt, wenn mit sinkendem Köder gefischt wird, denn dadurch sinkt dieser schneller auf die gewünschte Tiefe und natürlich ist gerade beim Fliegenfischen ein unauffälliges Vorfach von Vorteil.

Auch beim Spinnfischen wird das Material aus diesen Gründen gern verwendet. Allerdings sollte man sicher sein, dass keine Hechtgefahr besteht, denn für Hechtzähne ist Fluorocarbon nicht geeignet. Da sollte es dann mindestens Hardmono sein.

Karpfenangler benutzen Fluorocarbon wegen der Unauffälligkeit inzwischen ebenfalls. So wird beispielsweise beim Angeln mit grellen Popup-Boilies gern Fluorocarbon verwendet, da dadurch nur der grelle Boilie ins Auge des Fisches gerät, so zumindest der Plan.

VORFACHSTÄRKE

Da Fluorocarbon eine geringere Tragkraft besitzt als Nylon, kann man auf den üblichen geringeren Durchmesser verzichten. Das bedeutet, wenn ich mit einer 0,30 mm Nylonschnur als Hauptschnur angle, darf das Fluorocarbon-Vorfach gern den gleichen Durchmesser haben. Der gewünschte Effekt der Sollbruchstelle bleibt trotzdem erhalten.

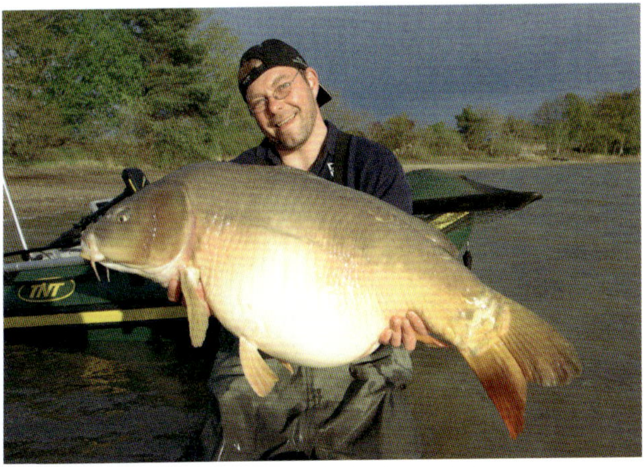

Ein greller Popup-Boilie am Fluorocarbon-Vorfach brachte den Erfolg.

Popup-No-Knot

Beim Popup-No-Knot handelt es sich um eine leichte Abweichung des allgemeinen No-Knot-Knotens, welcher überwiegend, aber nicht nur, beim Karpfenangeln Verwendung findet.

Schritt 1
Das Vorfach wird von vorn nach hinten, also von der Hakenspitze zum Schenkel, durch das Hakenöhr geführt und steht deutlich über. Nun das andere Ende der Schnur vom Öhr zum Schenkel wickeln, ungefähr sechs bis acht Wicklungen.

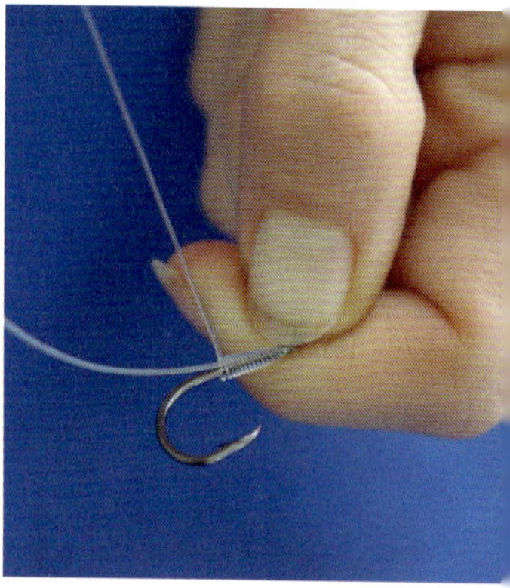

Schritt 2
Nun die Wicklung mit den Fingern festhalten und das lange Ende der Schnur wieder durch das Öhr von hinten nach vorne zurückführen. Dann anfeuchten und festziehen.

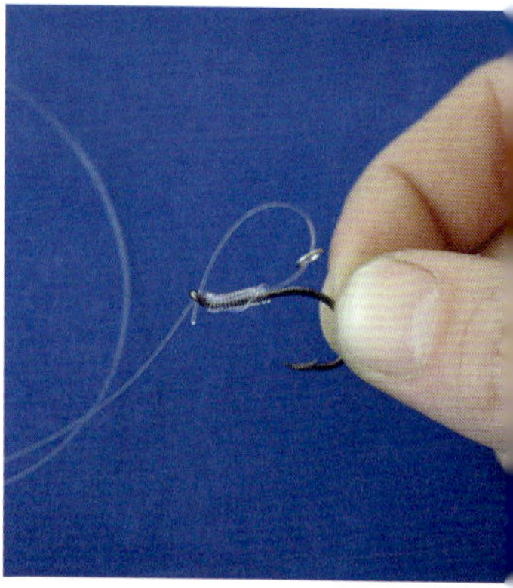

Schritt 3
Nun wird ein sogenanntes „Baitband", wobei es sich um eine Art Gummi handelt, mithilfe einer Boilienadel auf einen kleinen Metallring aufgefädelt (siehe Bild Seite 22). Der Metallring mit dem Gummi wird nun auf das abstehende Ende des Vorfachs gefädelt und das Vorfach selbst auch durch das Öhr gezogen.

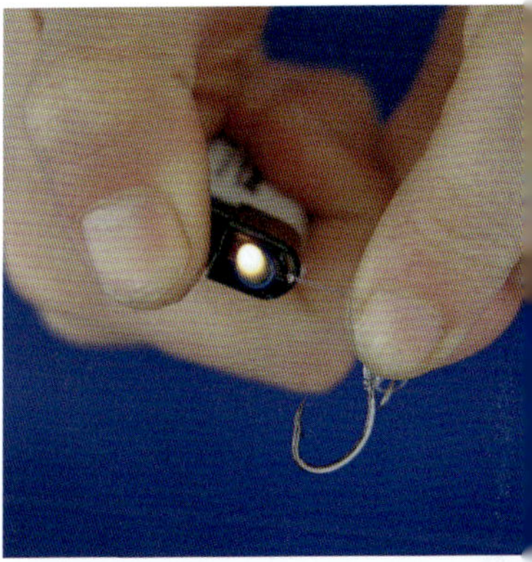

Schritt 4
Durch Ankokeln des Endes entsteht ein Knubbel, durch den die Schnur nicht durch das Öhr zurückrutschen kann. Der Knoten ist nun fertig. Experten benutzen zum Halten des Popup-Boilies noch gelochte Pailletten aus dem Bastelladen (siehe Bild Seite 22).

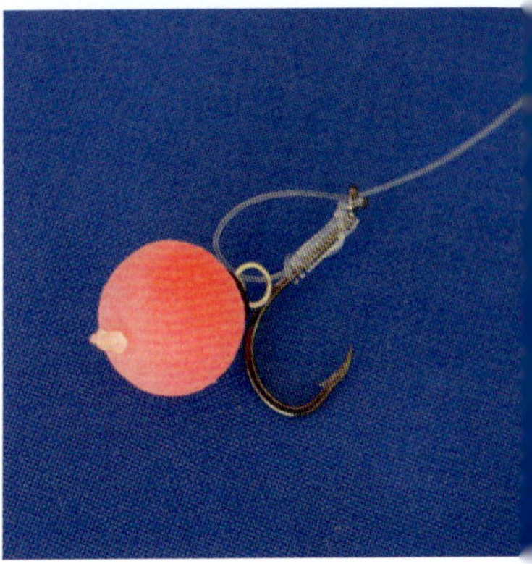

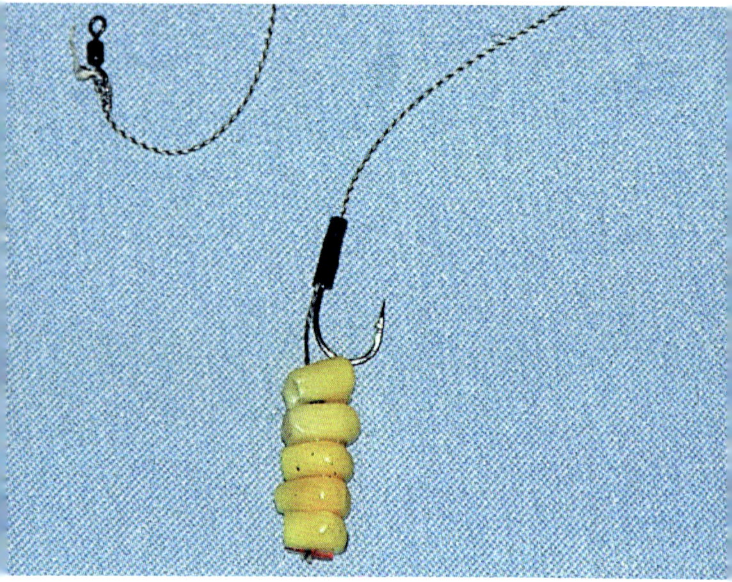

Das multifile Vorfach

Der Name erklärt sich fast von selbst, denn die monofile Schnur besteht aus einem einzigen Faden, während die multifile Schnur aus verschiedenen Fäden geflochten wird. Außerdem wird multifile Schnur nicht aus Nylonfäden geflochten.

Material
Geflochtene Schnüre werden ständig weiterentwickelt. Das häufigste Material dafür sind heute Dyneema-Fasern. Die modernen multifilen Schnüre werden standardmäßig aus 8 Fäden geflochten, sie können rund- oder auch eckig sein.

Der Sinn des Flechtens liegt in einer gewaltig höheren Tragkraft bei gleichem Durchmesser im Vergleich zur monofilen Schnur. Außerdem haben geflochtene Schnüre nahezu keine Dehnung. Das bedeutet beispielsweise beim Spinnfischen einen erheblich besseren Kontakt zum Köder. Es ist also eine bessere Köderführung möglich, da man diesen besser fühlen kann. Beim Drill des Fisches kann der fehlende Puffer durch nicht vorhandene Dehnung ein Nachteil sein. Andererseits gibt es Situationen, wie das Distanzfischen, in denen dies wieder zum Vorteil werden kann: Auf größere Distanzen muss man froh sein, wenn man den Fisch im Drill überhaupt spürt und das ist ohne Dehnung in der Schnur besser möglich. Auch ein Anschlagen des Fisches bei einem Biss, ist auf große Entfernung ohne Dehnung einfacher.

Multifile Vorfächer sind erheblich vielfältiger als monofile, man kann sie in extra steifen und extra weichen Versionen finden, je nachdem wofür man sie benötigt. Außerdem gibt es multifile Schnüre mit oder ohne Ummantelung. Die Ummantelung soll die Abriebfestigkeit verbessern. Multifile Angelschnur gibt es in jeder erdenklichen Farbe, so werden grelle Farben gern von Spinnfischern genutzt, damit sie die Schnur bei der Köderführung beobachten können. Unscheinbare Schnüre finden beim Ansitzangeln, beispielsweise beim Karpfenangeln Verwendung, damit die scheuen Fische die Schnur nicht so schnell bemerken.

UMMANTELUNG

Beim Karpfenfischen werden gern ummantelte multifile Schnüre benutzt. Hierbei sollte man allerdings die Ummantelung an der Stelle des Anköderns entfernen, denn dadurch bewegt sich der Boilie natürlicher. Für das Entfernen des Mantels gibt es inzwischen Spezialwerkzeug.

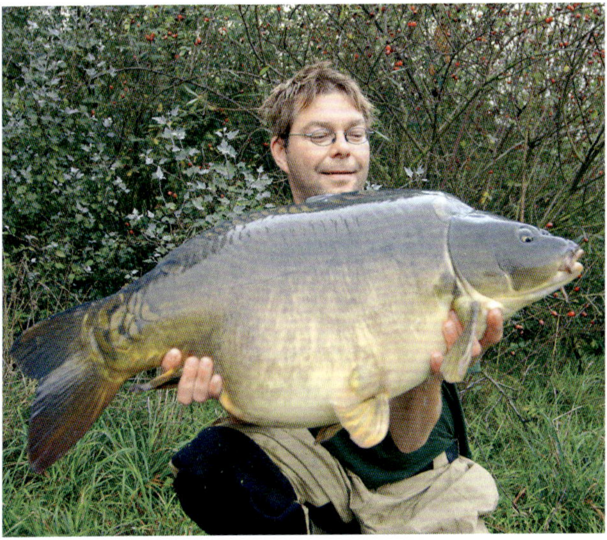

Ein steifes, ummanteltes, multifiles Vorfach brachte diesen Fisch.

Der Clinchknoten

Multifile Schnüre lassen sich nicht so einfach knoten wie Nylonschnur, aber der Clinchknoten funktioniert bei ihnen sehr gut.

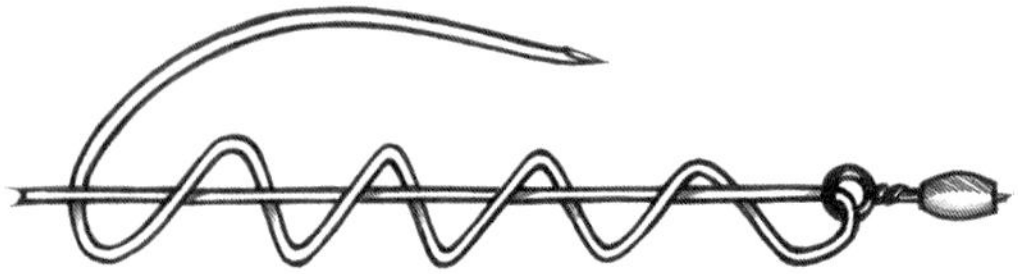

Schritt 1

Ein recht langes Stück der Schnur wird durch die Öse des Wirbels oder auch das Öhr des Hakens geführt. Nun wird die Schnur bei der Öse beginnend locker an der eigenen Schnur entlang gewickelt, abhängig vom Schnurdurchmesser fünf bis achtmal.

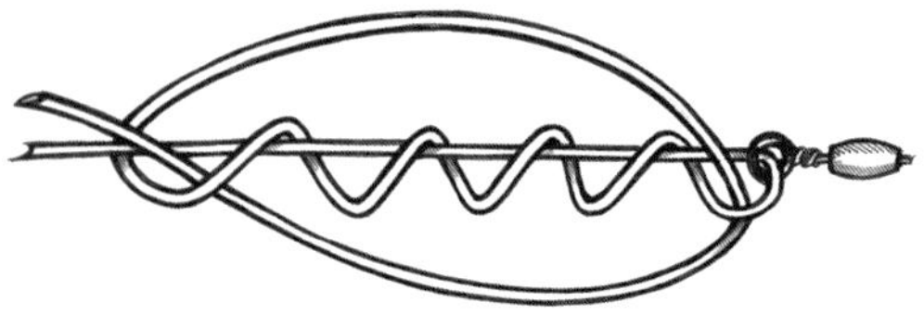

Schritt 2
Das Schnurende wird nun durch die Schlaufe geführt, die sich durch die lockeren Wicklungen direkt unten an der Öse gebildet hat, und von dort wieder durch die Schlaufe, die sich am oberen Ende der Wicklungen gebildet hat.

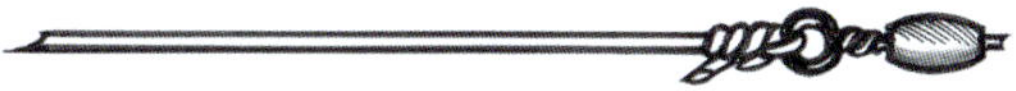

Schritt 3

Nun wie bei jedem Knoten, das gesamte Konstrukt langsam und gleichmäßig in Richtung Öse anziehen. Wenn alles sauber sitzt, anfeuchten, strammziehen und einkürzen.

ALLESKÖNNER

Der Clinchknoten ist einer der am häufigsten verwendeten Angelknoten. Man kann ihn für alles benutzen, was ein Öhr hat, egal ob großer Öhrhaken oder Wirbel. Auch seine hohe Knotenfestigkeit von 80 – 85 Prozent macht ihn sehr beliebt.

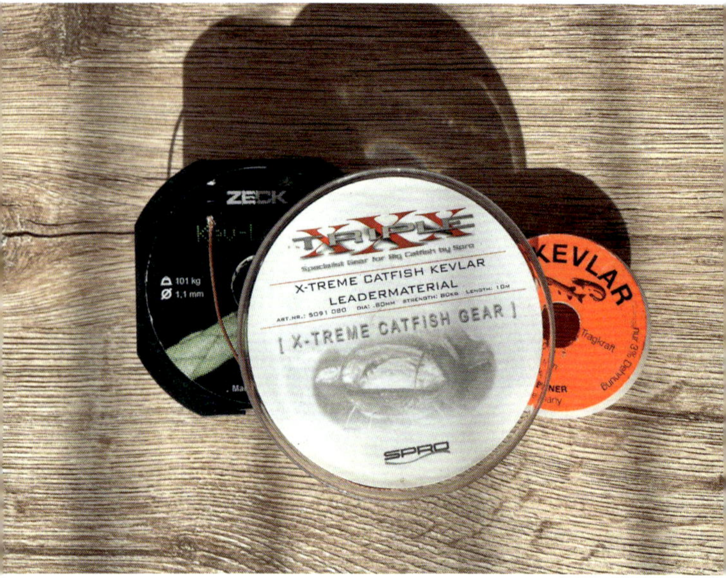

Das Kevlarvorfach

Kevlarvorfächer sind multifil und bestehen aus mehreren geflochtenen Aramidfäden.

Was ist Kevlar

Kevlar wurde im Jahre 1965 von Stephanie Kwolek erfunden. Damals arbeitete sie für den amerikanischen Konzern DuPont, der mit ihrer Entwicklung sehr viel Geld verdiente.
Dabei handelt es sich um eine hitzebeständige Aramidfaser, die aufgrund ihrer Molekularstruktur unglaublich stark ist.
Aufgrund seiner Merkmale findet Kevlar sehr viel Verwendung, so bestehen zum Beispiel schusssichere Westen daraus und auch die allseits bekannten Grillhandschuhe besitzen als oberste Schicht Kevlar. Ob Raumfahrt, Skisport oder Automobilindustrie, inzwischen ist es überall zu finden, da es bei wenig Gewicht extrem widerstandsfähig ist.

Beim Angeln

Auch beim Angeln ist Kevlar für seine extreme Reißfestigkeit bekannt und wird somit vor allem für die grobe Angelei verwendet. Allerdings sollte man bedenken, dass auch Kevlar nicht für Hechtzähne geeignet ist. Diese spitzen Beißerchen fressen sich auch

durch dieses Material hindurch. Die größte Bedeutung hat das Kevlarvorfach sicherlich für das Welsangeln, denn die Welszähne durchtrennen es nicht so leicht, außerdem kann die Schnur das Gewicht und die Kraft der Tiere sicher verkraften. In dünneren Varianten wird Kevlar auch gern von Zanderfischern verwendet. In Zeiten von Hardmono und Fluorocarbon wird Kevlar nicht mehr so häufig als Vorfach verwendet wie früher, aber wegzudenken ist es nicht, denn Kevlar ist nicht nur extrem widerstandsfähig sondern auch noch sehr leicht zu verarbeiten, was die Knoten und Ähnliches angeht.
Kevlarvorfächer gibt es meist, aber nicht nur, in gedeckten Farben. Vermutlich sind die meisten Kevlarvorfächer schwarz, aber inzwischen bekommt man auch hier fast alle Farben. Ob die Farbigkeit immer einen großen Sinn ergibt, ist sicherlich fraglich. Wenn man mit multifiler Schnur Spinnfischen möchte, verstehe ich noch das grellgrüne Schnüre besser sichtbar sind, aber mit Kevlar als Hauptschnur wird sicherlich niemand Spinnfischen betreiben, deswegen sind gedeckte Farben am sinnvollsten.

IMMER DABEI

Als Angler sollte man eine Spule Kevlar immer dabei haben. Selbst wenn man nicht damit angelt lässt es sich hervorragend für alles verwenden was geschnürt, gespannt oder gebunden werden muss. Ob man eine Wäscheleine spannt oder das Zelt. Ob das Boot angebunden werden muss oder etwas anderes, eine sicherere Möglichkeit gibt es fast nicht.

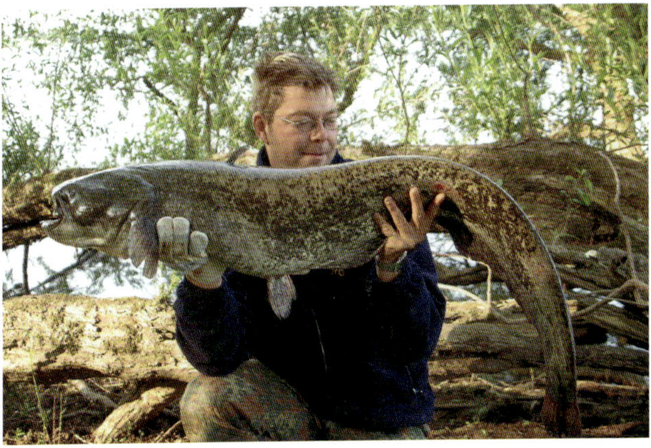

Beim Wallerangeln spielt Kevlar eine große Rolle.

Der Allbright-Knoten

Dieser Knoten ist ein Schnur-zu-Schnur-Knoten und eignet sich vor allem, um Schnüre verschiedener Stärken zu knoten. In unserem speziellen Fall wäre vermutlich das Kevlarvorfach die stärkere Schnur.

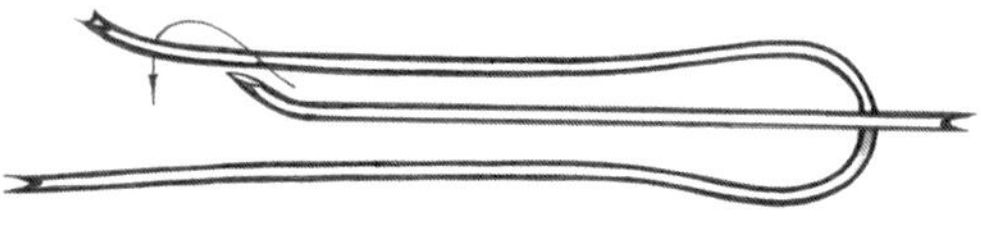

Schritt 1
Mit der dickeren Schnur eine Schlaufe legen und die andere Schnur darüber legen.

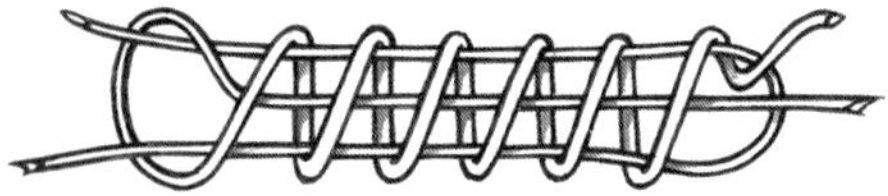

Schritt 2
Am Bogen der Schlaufe die beiden Schnüre festhalten und nun das Ende der dünneren um beide Schlaufenstränge und das lange Ende der dünneren Schnur wickeln.

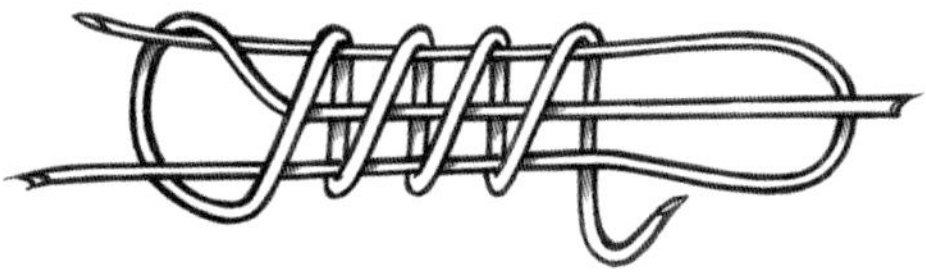

Schritt 3
Nach ungefähr acht Wicklungen das Ende der dünneren Schnur durch die Schlaufe fädeln und leicht anziehen.

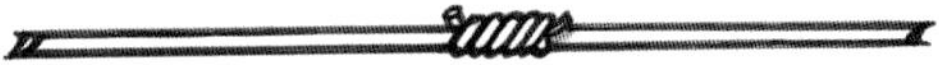

Schritt 4
Schnur befeuchten und festziehen, Schnurende einkürzen. Es entsteht auch bei Schnüren mit völlig verschiedener Beschaffenheit ein relativ dünner Knoten der leicht durch die Rutenringe gleitet und dabei eine Tragkraft von gut 90 Prozent besitzt.

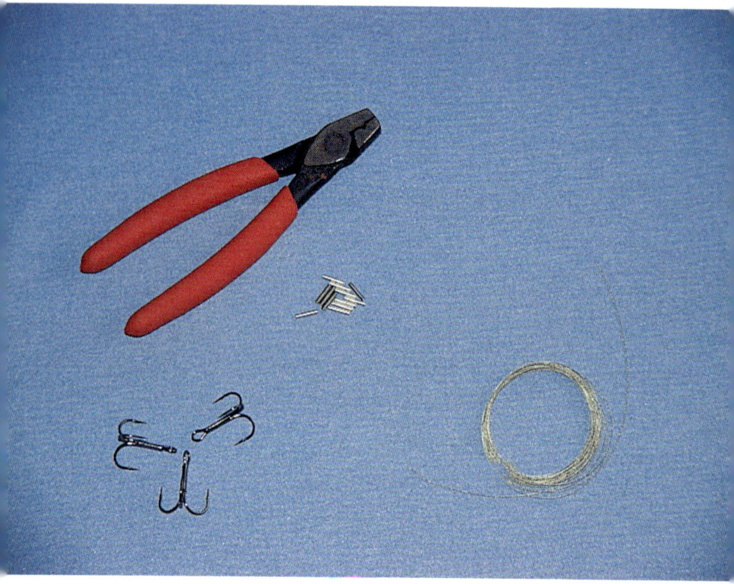

Das Stahlvorfach

Auch das Stahlvorfach ist multifil. Es besteht mindestens aus 1x7 Stahlfäden, also aus mindestens sieben einzelnen Stahlsträngen. Aber es gibt auch 7x7 Stahlvorfächer, die aus sage und schreibe 49 Stahlsträngen geflochten sind.

Variabel bleiben

Auch Stahlvorfächer kann man als Fertigvorfach im Angel-Fachhandel kaufen. Davon möchte ich jedoch abraten. Es ist sehr wichtig bestes Material zu verwenden und die Vorfachlänge selbst zu bestimmen. So sind fast alle Fertig-Stahlvorfächer eigentlich zu kurz geraten. Stellen Sie sich einfach vor, ein Hecht von einem Meter Länge hat gerade Ihr 25-Zentimeter-Rotauge geschluckt – sehr schnell ist da das Ende eines 40, 50 oder 60 cm langen Stahlvorfachs erreicht. Und glauben Sie mir, so schnell bekommen Sie solch einen Riesen nicht wieder an den Haken! Wenn man mit Kunstködern fischt, dürfen die Stahlvorfächer auch etwas kürzer sein. Sitzt man an, sind Vorfachlängen von bis zu 150 cm durchaus angebracht. Kaufen Sie sich also besser im Fachhandel Meterware und benutzen Sie 7x7 Stahl, also 49-fädiges Material. Diese Vorfächer sind sehr weich und geschmeidig, was viele Vorteile hat. Beim herkömmlichen 1x7 Stahl ist ein hineingeratener Knick für immer vorhanden und belastet das Vorfach. 49-fädiger Stahl ist mit erheblich weniger Memory-Effekt belastet, was die Arbeit mit dem Material erleichtert. Es ist so weich, dass man es sogar knoten könnte. Allerdings würde ich das nicht empfehlen. Bei Stahlvorfach ist die übliche Quetschhülse die bessere Alternative. Wie das geht erfahren Sie auf den nächsten Seiten. Als Drilling für die normale Hechtangelei würde ich einen Drilling der Größe 1 empfehlen.

VON SPINNSTANGE ZUM TITAN

In früheren Zeiten haben Spinnfischer gern mit der sogenannten Spinnstange geangelt, mit diesen Spinnstangen wird verhindert, dass die Kunstköder mehr ausbrechen als sie sollen, außerdem wird auch das Verdrallen des Stahlvorfachs verhindert. Spinnstangen gibt es heute immer noch, vor allem beim Fischen mit Jerkbaits, aber häufiger wird Titan verwendet, es ist so steif, dass es die gleichen Effekte wie die Spinnstange hat und doch eleganter, elastischer und weniger auffällig. Leider ist es ganz schön teuer.

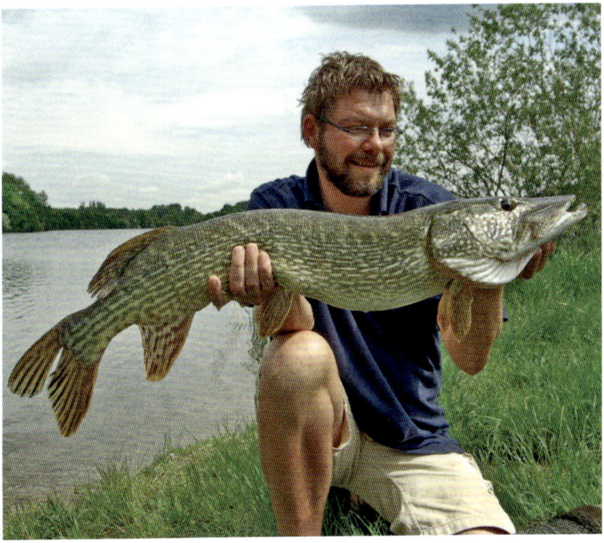

Beim Hechtangeln ist das Stahlvorfach nicht wegzudenken.

Die Quetschhülsen-Verbindung

Die Quetschhülsenverbindung kommt vor allem beim Fischen mit Stahlvorfächern zum Einsatz, aber auch beim Angeln mit Hardmono kann man sie nutzen.

Schritt 1
Zuerst wird das Stahlvorfach einfach durch eine entsprechend große Hülse geführt.

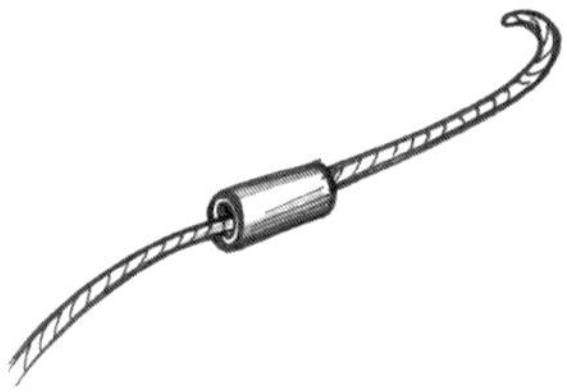

Schritt 2
Nun wird eine Schlaufe gebildet und das Vorfach wieder durch die Hülse geführt.

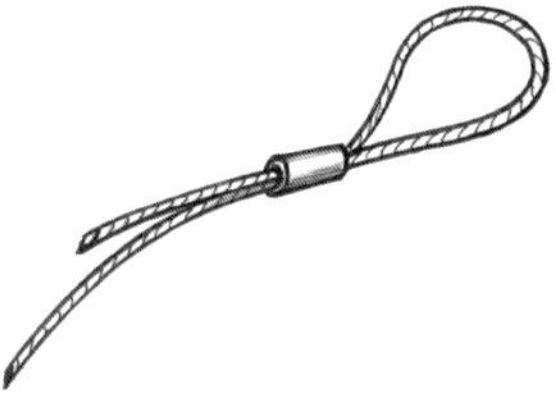

Schritt 3
Je nach Verwendungszweck kann die Schlaufe unterschiedlich groß gewählt werden. Sicherheitsfanatiker und Feinmotoriker dürfen nun noch einmal das Vorfach durch die Hülse zurückführen, sodass die Schnur jetzt sogar dreimal in der Hülse steckt.

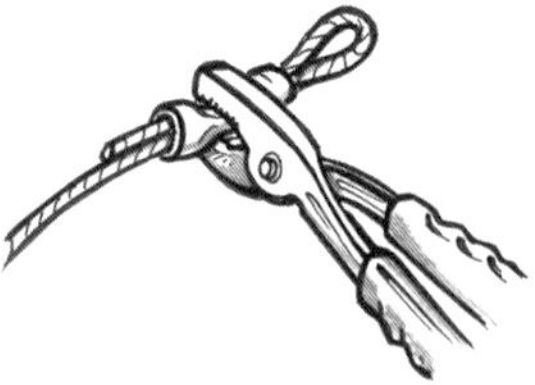

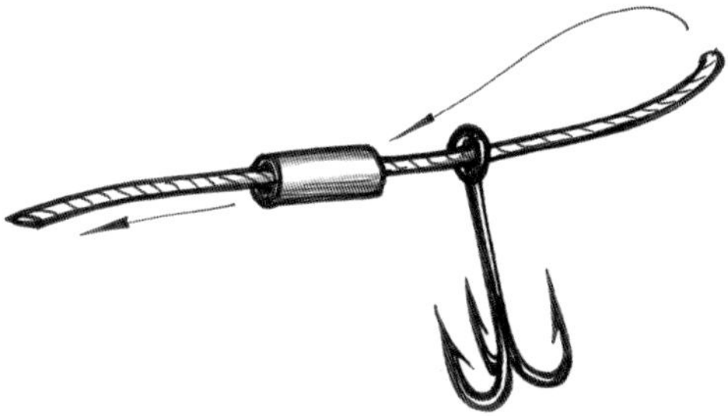

Schritt 4

Jetzt kommt die Quetschzange zum Einsatz. Die Kombination aus modernen Materialien und modernen Werkzeugen führt dazu, dass die Quetschhülse, anders als früher, nur einmal kräftig mit der Zange gequetscht werden muss, und schon ist das Ganze fertig. Achtung nicht vergessen: Ein Stahlvorfach hat zwei Enden. Also muss alles zweimal ausgeführt werden.

Haken oder Wirbel

Ein Vorteil der Quetschhülsenverbindung ist, dass man gegebenenfalls Haken oder Wirbel direkt einschlaufen kann. Dafür darf man nur nicht vergessen, den Haken oder Wirbel mit aufzufädeln bevor die Quetschung vollzogen wird. Also Vorfach durch die Hülse fädeln, dann durch die Öse und dann alle Schritte wie oben beschrieben durchführen.

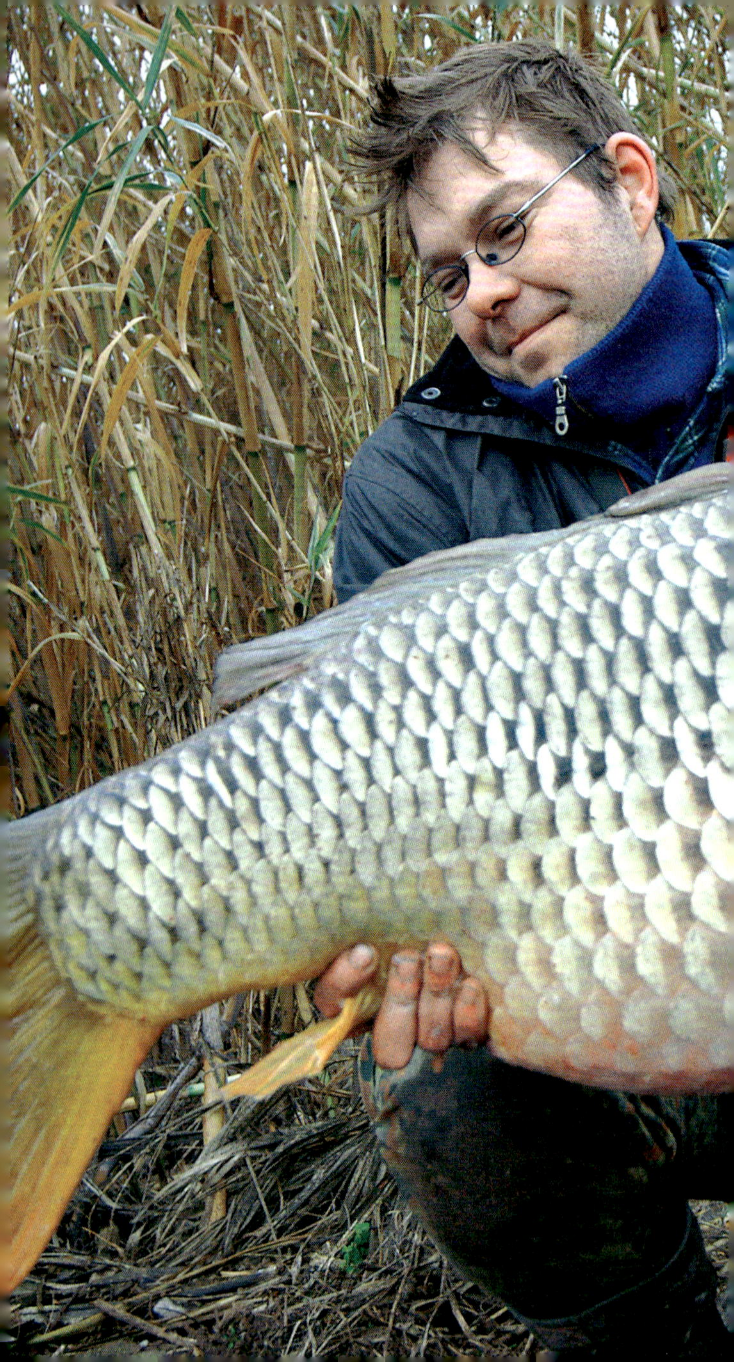

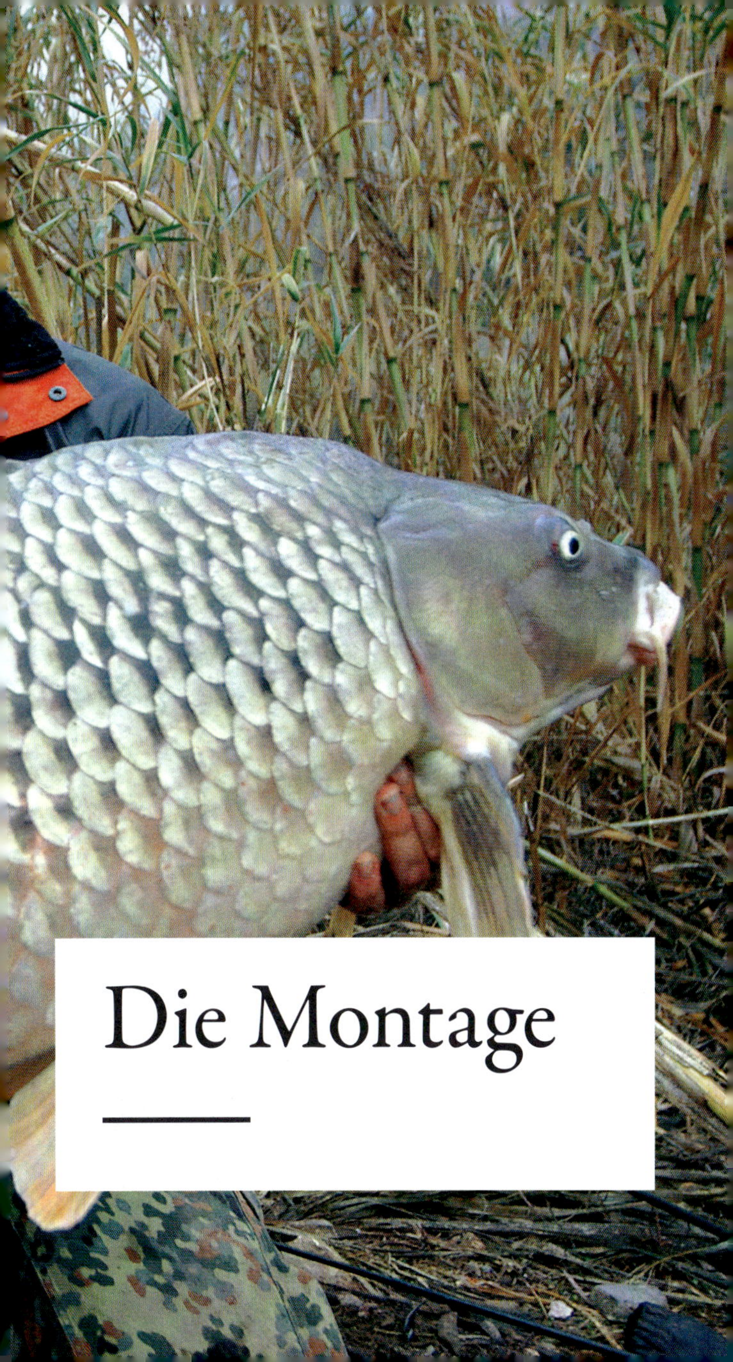

Die Montage

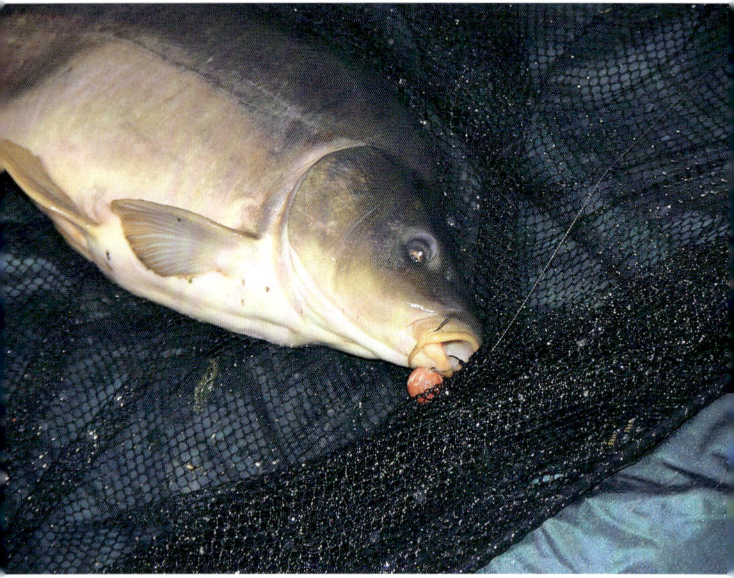

Für jeden Fisch die richtige Montage

Auf dieser Doppelseite sehen Sie zwei der beliebtesten Angelfische Deutschlands, den Karpfen und den Hecht. Beide sind zwar ähnlich beliebt bei Anglern aber in Lebensweise, Fressverhalten und Standplatz äußerst verschieden. Darum muss man sie auch völlig unterschiedlich beangeln und dafür wiederum sind selbstverständlich unterschiedliche Montagen nötig.

Welche wofür?
Natürlich finden Sie im Verlauf der nächsten Seiten ganz konkrete Hinweise dazu, was man mit welcher Montage macht, hier nur ein Überblick.

Fische haben verschiedene Verhaltensweisen. Manche nehmen Nahrung von der Oberfläche auf, andere ernähren sich im Freiwasser und wieder andere durchwühlen den Gewässergrund nach Nahrung. Dazu kommt es auch auf das Wetter an, denn abhängig vom Wetter verändern Fische ihr Fressverhalten. Eines jedoch bleibt gleich – man kann Fische nur da fangen, wo sie fressen.
Man kann also an der Oberfläche, im Freiwasser, aber auch am Gewässergrund angeln. Um genau da zu angeln, wo sich die Fische befinden, muss man sein Angelgerät entsprechend aufbauen.

Das beste Beispiel hierfür ist vielleicht das Posenangeln. Je mehr Blei man auf die Schnur macht, desto tiefer sinkt die Pose, bis sie nicht mehr zu sehen ist, was aber unsinnig wäre. Will man also im Freiwasser angeln, muss man über das Verhältnis von Blei, Pose und Schnur die richtige Gewässertiefe erreichen. Will man am Grund angeln, geht das ohne Pose und mit Blei. Für das Angeln an der Oberfläche benötigt man gar kein Blei, sondern eher einen Schwimmkörper.

Und noch viel mehr

Meeresfischen benötigt andere Montagen als Fliegenfischen, Spinnfischen andere als Ansitzangeln, dann gibt es noch das Schleppfischen und noch vieles mehr. Angeln ist ein sehr variables Hobby und das macht diese Leidenschaft auch aus. Um möglichst viele verschiedene Fische fangen zu können, sollte man natürlich auch möglichst viele unterschiedliche Techniken und Angelmethoden ausprobieren. Dafür sollte man die nötigen Montagen kennenlernen, die Sie auf den folgenden Seiten finden.

FERTIGMONTAGEN

Nahezu alle Montagen bekommt man auch fertig im Angelfachhandel zu kaufen und die fangen auch Fische. Gerade um eine neue Methode auszuprobieren ist eine Fertigmontage sehr gut geeignet. Dennoch wird man früher oder später eigene Wege finden und spätestens dann wird man seine Montagen ganz speziell für seine Vorlieben selbst basteln.

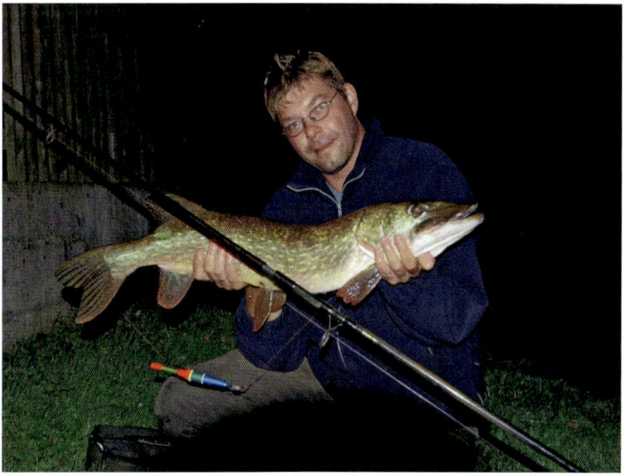

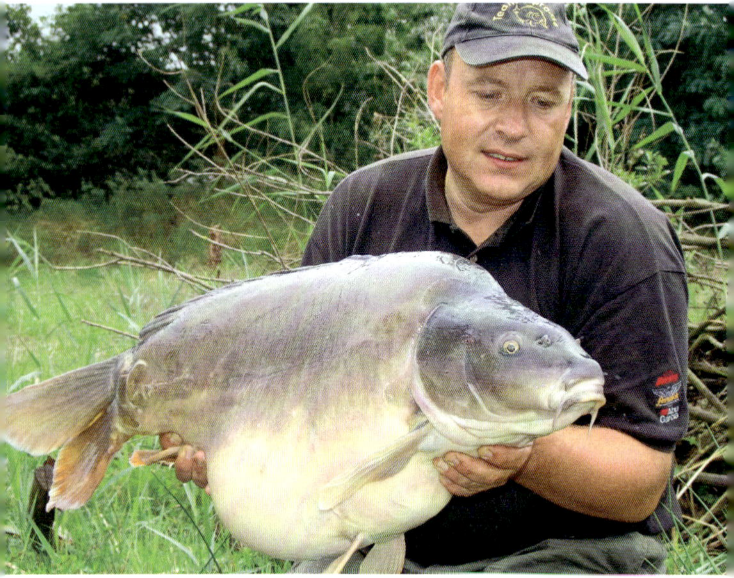

Die Selbsthak-Montage

Diese Montage ist eine Grundmontage und wurde in den Achtzigern von englischen Karpfenanglern entwickelt.
Bei dieser Montage soll sich der Fisch, wie der Name schon sagt, möglichst selbst haken. Dies erreicht man durch den Einsatz schwerer Bleie. Unsere englischen Anglerfreunde kamen auf die Idee, diese auf der Schnur laufenden Bleie nach wenigen Zentimetern abrupt abzustoppen. Hierzu wird mittels Perle und Stopperknoten ein Endpunkt für das Blei gesetzt. Funktionieren soll das Ganze also so, dass der Karpfen den Köder nimmt, damit wegschwimmt und sich der Haken durch das plötzlich einsetzende Bleigewicht in das Maul des Karpfens gräbt.
Diese Idee hat bestens funktioniert und sich bis heute gehalten. Natürlich wurde die Montage ständig verbessert.

Modernes Safety Bolt Rig
Heutzutage verwendet man beim Karpfenangeln meist englische Begriffe und so heißt diese Montage nun Safety Bolt Rig. Das Blei wird hier sofort festgesetzt, deswegen heißt es auch „Festblei-Montage". Das Ganze besteht aus folgenden Komponenten: Anti-Tangle Tube (Schlauch), Safety Clip, Connector

(pyramidenförmige Gummitülle) und einem Tönnchenwirbel.
Als erstes wird die Länge des Anti-Tangle Tubes ermittelt, denn dieses Tube muss länger als das Vorfach sein. Der zugeschnittene Schlauch wird mit Hilfe eines dünnen Drahtes auf die Hauptschnur gefädelt. Anschließend wird der Connector auf das Tube gezogen und dann der Safety Clip. Zum Abschluss wird der Tönnchenwirbel an die Hauptschnur geknotet. Der Wirbel und der Safety Clip müssen so aufeinander abgestimmt sein, dass der Wirbel perfekt in den Clip eingeschoben werden kann. Der Clip verfügt über eine kleine Einhängelasche in die das Blei, welches natürlich eine Öse haben muss, eingehängt werden kann. Schließlich wird der Connector auf den Safety Clip geschoben, wobei die Einhängelasche unter dem Gummi verschwindet und das Blei so festgesetzt wird.
Der Karpfen wird nun den Köder ansaugen und beim Wegschwimmen sofort das Blei spüren, wodurch sich der Haken in die Lippe eingräbt.

VORTEILE
Der Safety Clip hat den Vorteil, das Bleie gewechselt werden können, ohne die komplette Montage zu tauschen. Ich kann also der Angelsituation entsprechend ein Kugelblei gegen ein Zipblei austauschen und der Rest der Montage bleibt unangetastet, kann also einfach weiterverwendet werden.

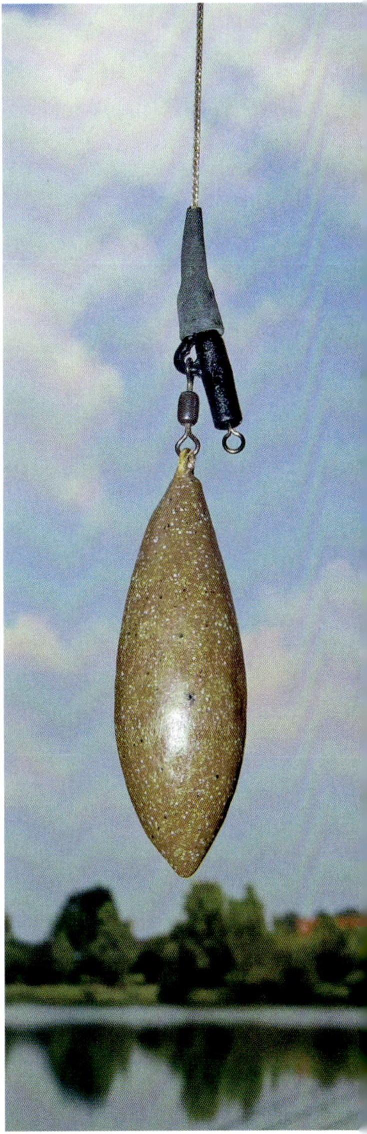

Der No-Knot-Knoten

„No-Knot-Knoten" heißt direkt übersetzt tatsächlich „Kein-Knoten-Knoten". Das ist zwar ein Widerspruch aber entspricht nun mal der Wahrheit.

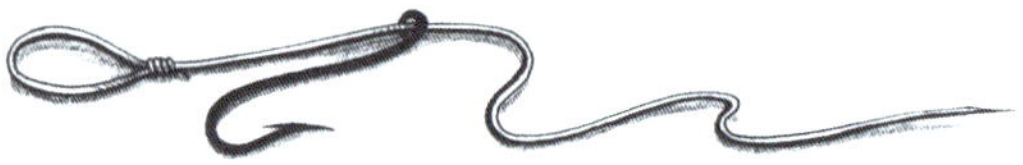

Schritt 1
Vorfach auf die zuvor bestimmte Länge schneiden. An ein Ende des Vorfachs kommt eine kleine Schlaufe. Nun wird das Vorfach so durch die Hakenöse gefädelt, dass das Schlaufenende hinter dem Hakenschaft hängt und knapp unter dem Hakenbogen endet.

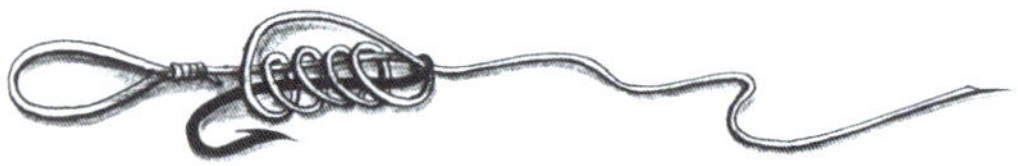

Schritt 2
Das Vorfach wird nun von oben nach unten bis zu achtmal um den Hakenschaft gewickelt und dann wieder von hinten nach vorn, also von hinter dem Schaft in Richtung Hakenspitze durch das Öhr gefädelt.

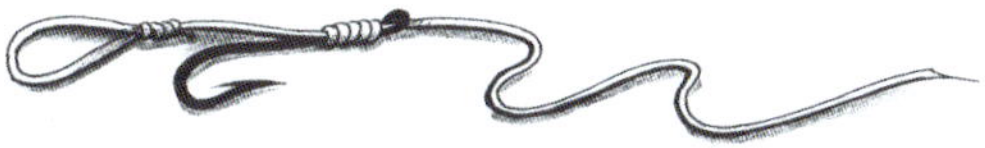

Schritt 3
Nun wird alles leicht zusammengezogen, angefeuchtet und dann festgezogen. Das Ende des Vorfachs ohne Schlaufe wird direkt an den Tönnchenwirbel des Safety Bolt Rigs geknotet.

Der No-Knot-Knoten ist eine Erfindung der Karpfenangler. Sie verwenden ihn leicht abgewandelt auch für die Fischerei mit Popup-Boilies (siehe S. 24 und 46). Inzwischen wird der Knoten auch von Raubfischanglern gern verwendet. So zum Beispiel beim Hechtkebap (siehe S. 74).

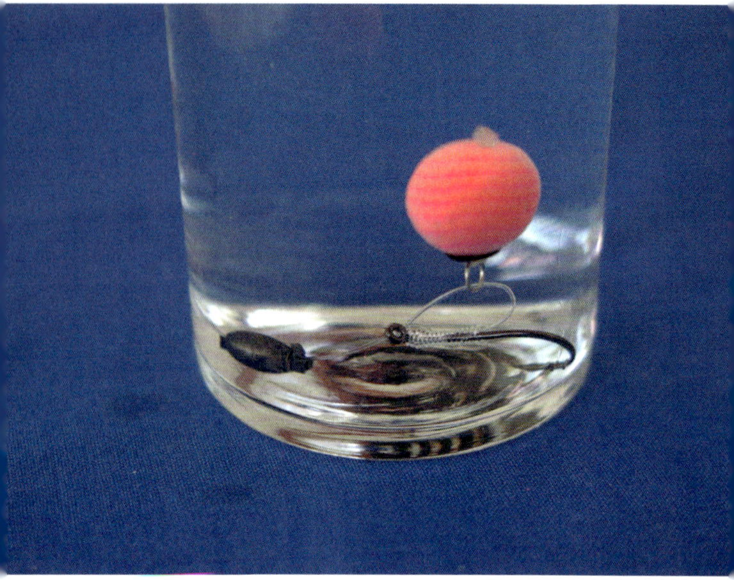

Die Pop-up-Montage

Wieder ein Wort aus dem Englischen, das darauf hinweist, dass wir es mit dem Karpfenangeln zu tun haben. Andererseits waren und sind die Engländer in jeder Form der Angelei Pioniere, weswegen auch bei anderen Angelmethoden viele englische Begriffe zu finden sind.

Für die speziellen Moment
„Auftauchen, hochkommen", so die Original-Übersetzung des Englischen. Wofür benötigt man das? Nun ja, es gibt heikle Fische und auch heikle Situationen. Nehmen wir als Beispiel einen extrem heißen Sommertag. Bei heißem Wetter und sehr hoher Wassertemperatur, stellen viele Fische das Fressen nahezu komplett ein. In diesen Momenten muss man auf die Neugier der Fische spekulieren. Dafür wurden kunterbunte Pop-up-Boilies erfunden. Diese Boilies bestehen normalerweise aus Kunststoff und treiben auf. Allerdings nützen sie dem Angler an der Wasseroberfläche nicht wirklich etwas. Darum muss die Montage so gewählt werden, dass der Pop-up-Boilie nur knapp über dem Gewässergrund schwebt. Durch die ungewöhnlichen Umstände, also ein über dem Grund schwebender Köder

in greller Farbe, wird das Interesse von Fischen geweckt. Auch ohne Hunger sind die Fische eben doch neugierig darauf, was denn da im Wasser herumschwebt und testen kann man das ja mal. Hat der Fisch den Köder aber erst einmal zum Testen eingesaugt, nimmt das Schicksal seinen Lauf.

Nicht nur herkömmliche Karpfen

Ich habe die Erfahrung gemacht, dass vor allem Graskarpfen auf diese Art der Köderpräsentation hereinfallen. Das kann natürlich daran liegen, dass diese asiatischen Fische sowieso besser an höhere Wassertemperaturen gewöhnt sind und daher auch häufiger bei solcher Witterung noch fressen. Da ich diese Fische aber auch im Herbst durchaus mit Pop-ups fange, wenn das Wetter nicht so heiß ist, denke ich, dass durchaus auch die Präsentation den Graskarpfen ganz besonders gefällt. Nichtsdestotrotz fängt man auch normale Karpfen mit dieser Präsentation. Interessant finde ich den Umstand aber durchaus, dass die Quote der gefangenen Graskarpfen mit dieser Präsentationsart stark steigt.

DER HOME-TEST

Ich teste meine Pop-up-Montagen gern schon zuhause, denn dann kann man sich am Angelplatz auch darauf verlassen, dass sie funktionieren. Auf dieser Doppelseite ist der Test im Wasserglas schön zu sehen. Manchmal muss man aber auch aufgrund wechselnder Bedingungen eine Montage am Wasser bauen. Dann kann man natürlich genauso gut im flachen Uferbereich testen. Testen sollte man aber auf jeden Fall, denn wenn die Montage nicht so funktioniert, wie man es wollte, fängt man meistens auch nicht so, wie man es erwartet.

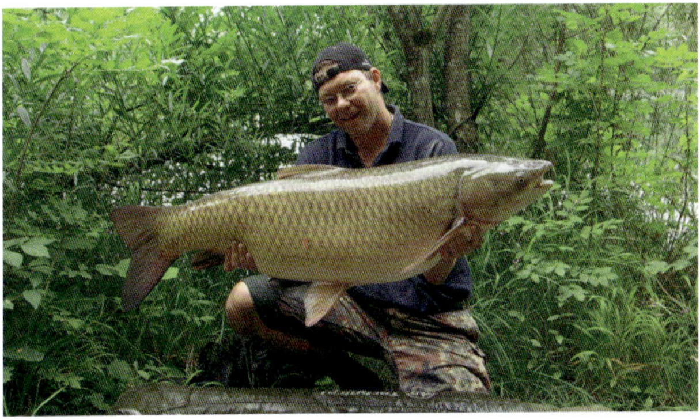

Eine typische Beute auf Pop-ups: der Graskarpfen.

Pop-up-Anleitung

Zu dieser Montage gehört der Pop-up-No-Knot von Seite 24, damit ist schon mal geklärt, wie der Haken befestigt wird. In meiner Anleitung verwende ich Fluorocarbon. Beim Angeln mit Pop-ups ergibt für mich Fluorocarbon den meisten Sinn, denn schließlich soll der Köder über dem Grund schwebend vom Fisch wahrgenommen werden. Dabei hilft ein nahezu unsichtbares Vorfach sicherlich. Aber man kann Pop-up-Montagen natürlich an jedes Vorfach bauen.

UMMANTELN
Sehr interessant ist das Angeln mit ummantelten Pop-ups. Als Mantel eignet sich stark riechender Teig. Der Teig löst sich langsam im Wasser auf und sorgt somit für noch mehr Interesse. Je mehr Teig sich löst, desto besser poppt der Köder, er ändert sich also ständig ein wenig. Es kommt auch vor, dass der Fisch den Köder schon mit dem attraktiven Mantel nimmt, noch bevor dieser überhaupt poppt.

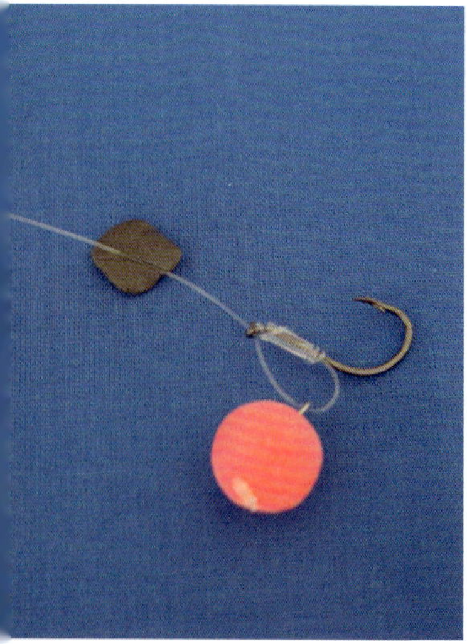

Schritt 1
Als erstes muss der Abstand zwischen Gewässergrund und Köder festgelegt werden. Hat man entschieden, wie hoch der Köder poppen soll, wird an der Stelle, die auf dem Gewässergrund aufliegen soll ein Gewicht angebracht. Hierfür gibt es viele verschiedene Möglichkeiten, die beliebteste sind sicherlich die Quick Change Pop-up Weights, die man sehr schnell und rückstandslos tauschen kann. Allerdings bevorzuge ich Tungsten. Tungsten besteht aus Wolfram und ist bleiähnlich, hat aber eine höhere Dichte und ist formbar. Man kann es, abhängig vom Auftrieb des jeweiligen Köders, mehr oder weniger verwenden.

Schritt 2
Das Gewicht muss gut sitzen, damit der Köder genauso aufpoppt, wie man es sich vorgestellt hat. Der Glastest zuhause sei hier noch einmal empfohlen. Jetzt kann man die Länge des Vorfachs bestimmen und es direkt an den Wirbel der Hauptschnur anbringen.

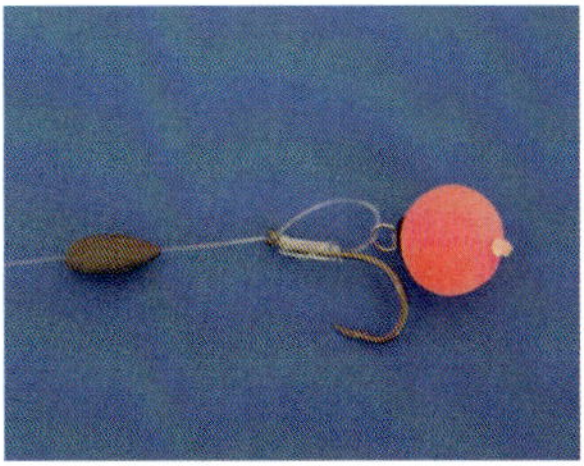

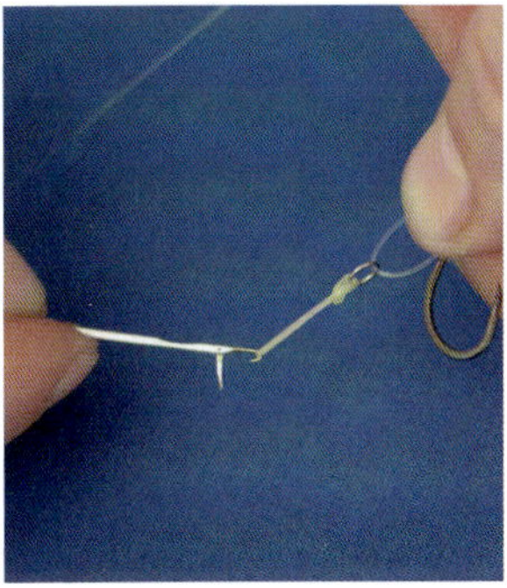

Schritt 3
Am Ring, der auf der Schlaufe am Haken aufgefädelt ist, wird nun ein Bait Band befestigt. Hierfür wird dieses durch den Ring geschoben, sodass es mittig im Ring positioniert ist. Jetzt kann man mit einer Ködernadel von unten durch das Bait Band fahren, die Nadel über den Ring führen, dann die andere Seite des Bait Bands mit der Ködernadel fassen und durchziehen. Damit ist es fest eingeschlauft.

Schritt 4
Nun kommt das Einfädeln des Köders. Auf den ersten beiden Bildern ist ein normaler Pop-up abgebildet. Auf dem letzten Bild sieht man die sogenannte Snowman-Montage, die auch ihre Berechtigung hat. Bei ihr kann man auf multifiles Vorfach zurückgreifen und auf Blei verzichten, denn der Pop-up dreht den Köder ganz leicht nach oben, während der normale Boilie den Rest am Boden hält. So sieht es aus wie ein Schneemann unter Wasser.

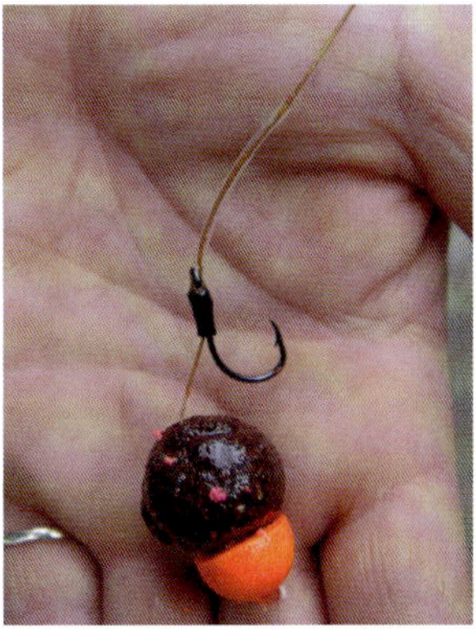

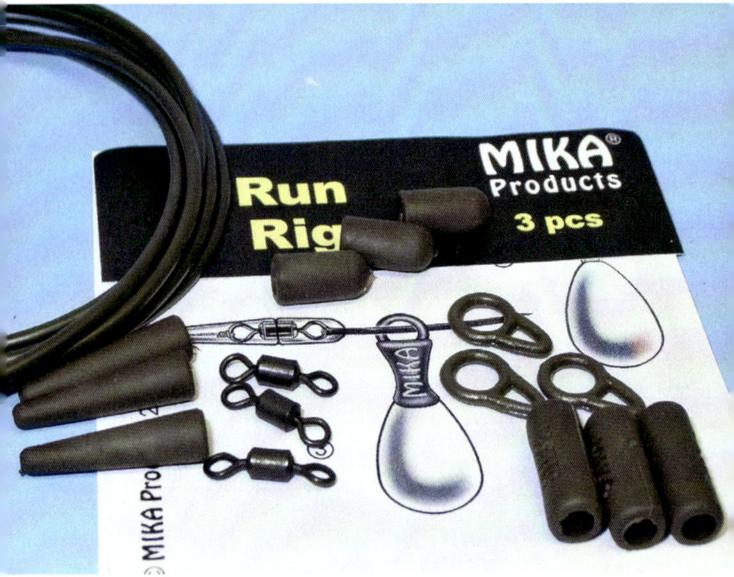

Die klassische Laufblei-Montage

Sehr viele unserer Friedfische ernähren sich von Lebewesen auf dem Gewässergrund, wie Krebstierchen, Würmern, Schnecken und Insektenlarven. Diese Fische lassen sich relativ einfach an der unterständigen Maulstellung erkennen, das heißt der Unterkiefer ist kürzer als der Oberkiefer. aber auch die typischen Rüsselmäuler wie Karpfen, Schleien oder Brachsen gehören dazu.
Wenn man sich jetzt noch bewusst macht, dass Friedfische häufig Beute von Raubfischen sind, wird klar, dass man sehr viele Fische am Grund fangen kann. Dafür benötigt man ein Grundblei und eine der häufigsten Montagen ist die Laufblei-Montage.

Der klassische Aufbau
Der klassische Aufbau einer Laufblei-Montage ist gleichzeitig der einfachste Aufbau dieser Montage und funktioniert so: Blei auf die Hauptschnur fädeln, Gummiperle auffädeln, Wirbel anknoten. Das war's auch schon. Die Gummiperle dient hierbei als Schutz für den Knoten am Wirbel. Für diese Montage ist das Sargblei typisch. Häufiger Zielfisch ist auch der Aal. Auf weichen Böden wird statt des Sargbleis ein Tiroler Hölzchen verwendet, damit sich

die Schnur im schlammigen Grund nicht festsetzt.
Natürlich lassen sich auch sämtliche Friedfische mit dieser Montage fangen, dann verwendet man feineres Material, also dünnere Schnüre, kleinere Haken und vor allem andere Köder, wie Mais oder Teig.

Moderne Verfeinerungen

Wie so häufig kommen moderne Verfeinerungen aus England und dann oft vom Karpfenangeln. Die Montage heißt dann „Running-Rig" oder „Confidence-Rig", aber letztendlich geht es immer um das gleiche Prinzip. Trotzdem sind diese Weiterentwicklungen durchaus sinnvoll und beziehen sich häufig auf Materialschonung. So ist auch auf dieser Seite Zubehör abgebildet, welches materialschonend ist und aus dem Karpfenangeln stammt, aber nicht nur dort eingesetzt werden kann. Beim Running-Rig gibt es einen kleinen gummierten Plastikring, der viel schonender als ein Lochblei über die Hauptschnur gleitet. Dieser Ring besitzt eine Öse, in die das Blei eingeklinkt werden kann.

VIELE ABWANDLUNGEN
Die klassische Laufblei-Montage wird in vielen spezielleren Montagen als Grundlage verwendet. Auch in diesem Buch werden solche vorgestellt. Unter anderem die Futterkorb-Montage und die Köderfisch-Montage. Außerdem kann man sie auch als sogenannte „Semi-Bolt-Montage" verwenden. Hierbei wird das Blei mit einem Stopperknoten nach einem Stück freiem Lauf gestoppt. Es ist also ein Zwischending zwischen Festblei- und Laufblei-Montage.

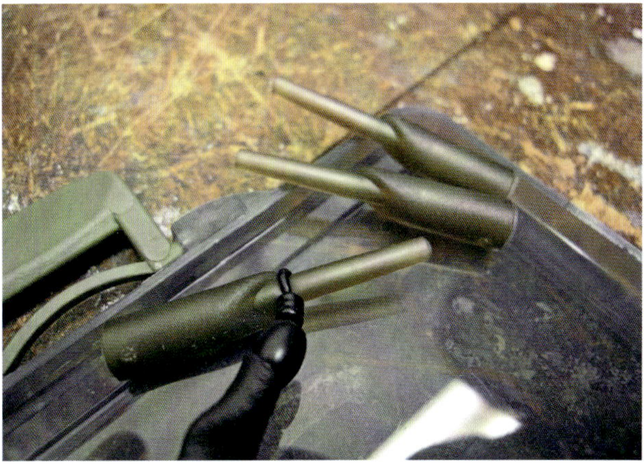

Der Grinner-Knoten

Der Grinner-Knoten ist vielleicht der häufigste Knoten, der an Wirbeln verwendet wird. Außerdem findet er auch bei Öhrhaken häufig Anwendung.

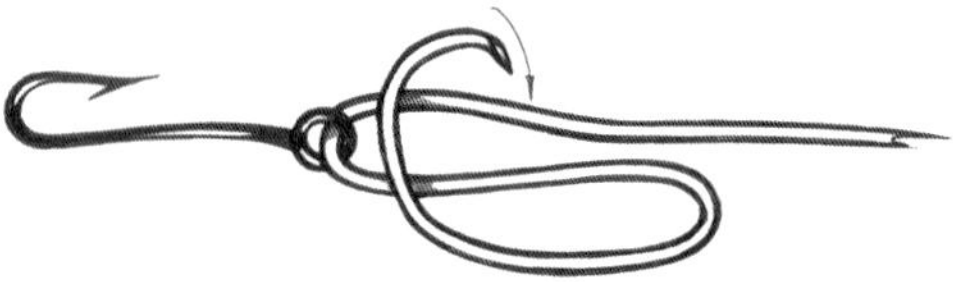

Schritt 1
Schnur von der Hakenspitze aus nach außen durch das Öhr ziehen. Bei Wirbeln ist die Richtung egal. Ca. 20 cm Schnur durch das Öhr fädeln und die Schnurstränge parallel legen. Ungefähr auf der Hälfte mit den Fingern beide Schurstränge halten, das lose Ende wieder nach unten in Richtung Öhr führen und um die parallelen Schnurstränge herumwickeln, sodass neben den parallel liegenden Schnursträngen eine Schlaufe entsteht.

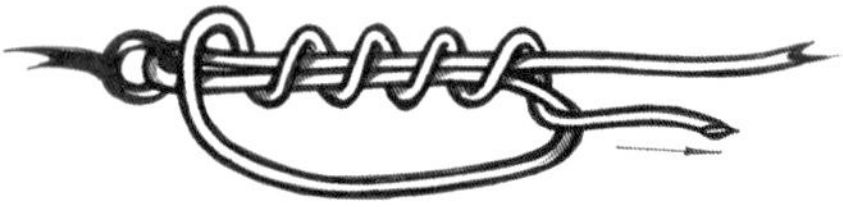

Schritt 2
Das lose Schnurende, je nach Schnurdicke, 5 bis 8 mal durch die Schlaufe fädeln und gleichzeitig um die parallelen Schnurstränge wickeln.

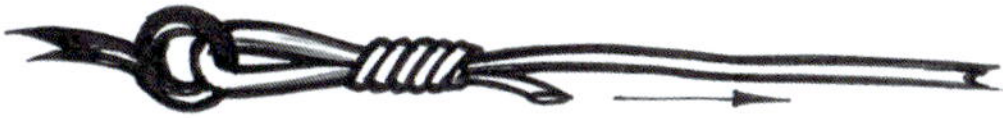

Schritt 3
Nun das ganze Gebilde durch leichten Zug anziehen. Der Knoten sollte vorerst ein Stück vor dem Öhr zusammenkommen.

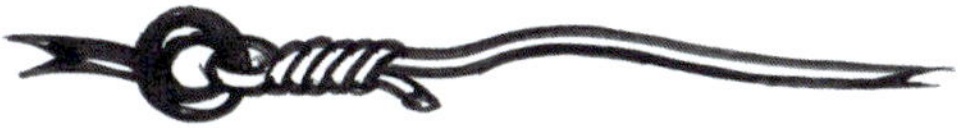

Schritt 4
Nun kann der Knoten durch Halten der Schnur und sanften Zug am Knoten zum Öhr hin verschoben werden. Dadurch bleibt wenig lose Schnur übrig und es muss meist kaum gekürzt werden.

DER UNKAPUTTBARE
Diesem Knoten sagt man eine Tragkraft von nahezu 100 Prozent nach. Das bedeutet er bildet nahezu keine Schwachstelle. Deswegen ist der Knoten sehr beliebt und wird auch häufig mit multifilen Vorfächern, unter anderem beim modernen Karpfenangeln, verwendet.

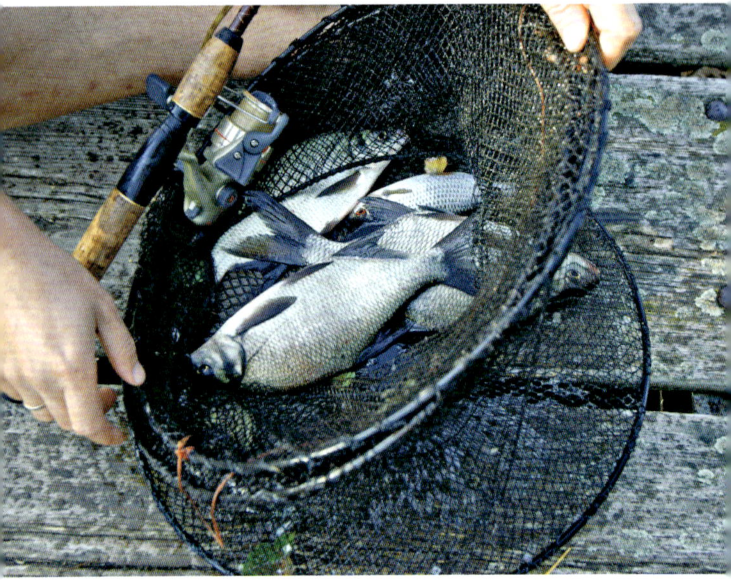

Die Feststell-Pose

Die klassische Feststell-Posen-Montage wird überwiegend beim Angeln auf Köderfisch verwendet, gehört aber zu den absoluten Basics für jeden Angler. Auch wenn Sie den Fischereischein nur gemacht haben, um große Hechte zu fangen, benötigen Sie dafür Köderfische. Köderfische sind meist kleine Friedfische, die oft mit dieser Montage erbeutet werden. Auf dem Weg zum Spezialisten sollte jeder Angler die Kunst der feinen Feststell-Pose erlernen.

Die Situation

Das Angeln auf Köderfische oder auch Weißfischangeln ist eine feine Fischerei. Stellen wir uns einen kleinen, flachen See vor, in welchem wir unsere Weißfische fangen wollen. Da man mit den verwendeten Ködern nicht aus Versehen einen Raubfisch an den Haken bekommen kann, muss das Material nur auf die größten Friedfische ausgerichtet werden und das sind sicherlich die schweren Karpfen. Wir wollen also so fein wie möglich fischen, um kleine Weißfische zu fangen, müssen aber auch auf einen Karpfen gefasst sein. Darum sollte die Hauptschnur einen Durchmesser von ca. 0,25 mm haben und das Vorfach etwas feiner sein. Dazu passen schlanke pfeilförmige Posen, wie die klassische Schweineborste.

Montage

Feststell-Posen haben einen dehnbaren Gummiring zur Justierung. Dieser Ring wird als erstes auf die Hauptschnur gefädelt. Nun wird die Feststell-Pose selbst über eine Öse aufgefädelt und der Gummiring auf die Pose geschoben und schon ist sie fest. Die Montage ist aber noch nicht fertig. Zuerst wird noch der Wirbel angeknotet, um das Vorfach anbringen zu können, dann muss noch ausgebleit werden. Ausbleien bedeutet, die Pose darf nur leicht aus dem Wasser schauen, darum sind die Spitzen auch meist rot. Nun muss also so viel Blei angebracht werden, dass dies auch genauso funktioniert. Hierfür werden unterhalb der Pose Schrotbleie von schwer nach leicht von Pose zu Wirbel angebracht, so ist die Montage am unauffälligsten. Es entsteht also eine Bleikette die von oben nach unten von dicken Bleien hin zu dünneren sortiert ist. Schlussendlich muss das ganze System nun noch ausgelotet werden. Um festzulegen in welcher Tiefe Sie fischen wollen, müssen Sie die Tiefe des Gewässers kennen. Am einfachsten geht dies mit einem Lotblei. Dieses kann man auf den Haken der Montage klemmen, die man gerade gebaut hat. Nun wirft man immer wieder aus und verschiebt die Pose auf der Schnur. Sie geht so lange unter bis der Abstand zwischen Pose und Haken der Tiefe des Gewässers entspricht. Nun können Sie entscheiden, ob sie genau auf dem Grund, knapp darüber oder auch im Mittelwasser angeln wollen. Das stellen Sie durch erneutes Verschieben der Feststellpose auf der Hauptschnur einfach selber ein.

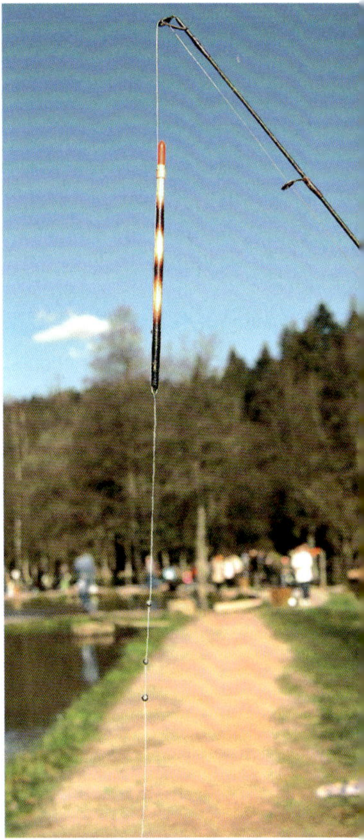

Die Schweineborste – eine klassische Feststell-Pose.

Der doppelte Clinchknoten

Der typischste Knoten für diese feine Fischerei ist der Clinchknoten, der bereits auf Seite 28 erklärt wird. Der doppelte Clinchknoten ist eher für die gröbere Fischerei gedacht, aber man kann Feststell-Posen-Montagen durchaus auch auf große Raubfische wie den Wels verwenden, natürlich mit deutlich größeren Feststell-Posen. Dann ist der doppelte Clinch genau der richtige Knoten.

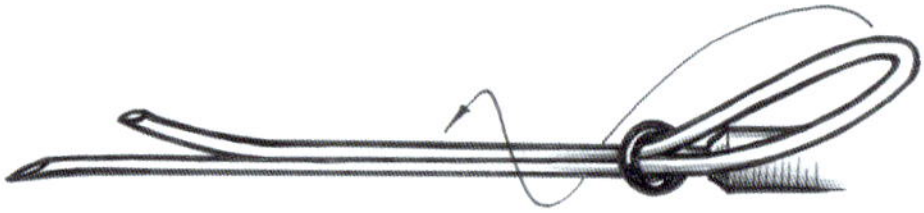

Schritt 1
Zuerst legt man eine Schlaufe von ca. 25 cm und führt diese durch das Öhr des Hakens oder des Wirbels.

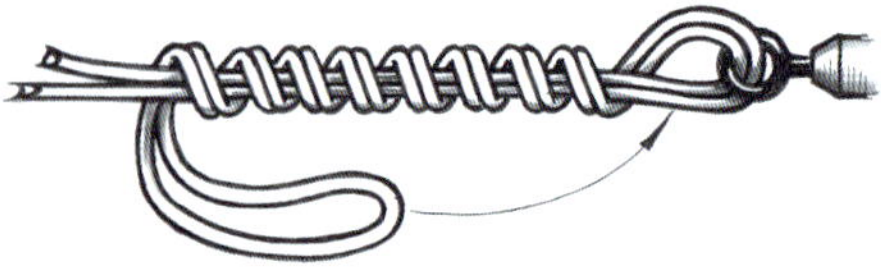

Schritt 2
Wie beim einfachen Clinchknoten werden nun drei bis fünf Windungen um die Schnur gelegt.

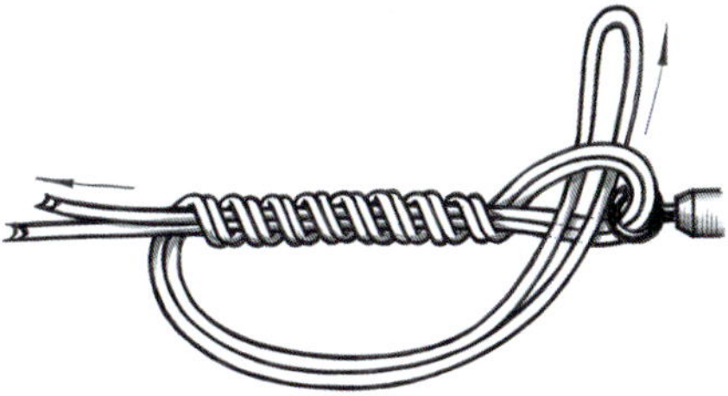

Schritt 3
Nun wird die Schlaufe zurückgeführt und durch die Schnuröffnung gefädelt, die sich vor der Öse gebildet hat.

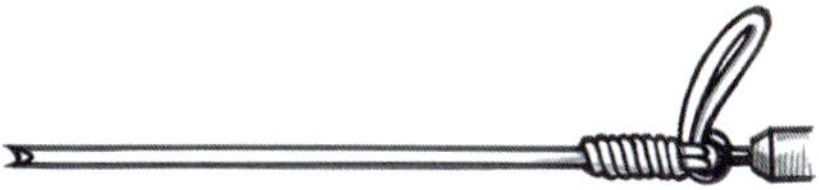

Schritt 4
Nun wird das Ganze vorsichtig zusammengezogen, sodass sich direkt am Öhr der Knoten bildet. Dann anfeuchten, festziehen und einkürzen.

DOPPELT DURCHS ÖHR
Dieser Tipp ist für den einfachen Clinchknoten noch wichtiger, denn der doppelte ist ohnehin schon stärker. Man kann die Schnur gleich zu Beginn zweimal durch das Öhr ziehen und dann den Knoten wie vorgestellt binden, dies führt zu mehr Stabilität.

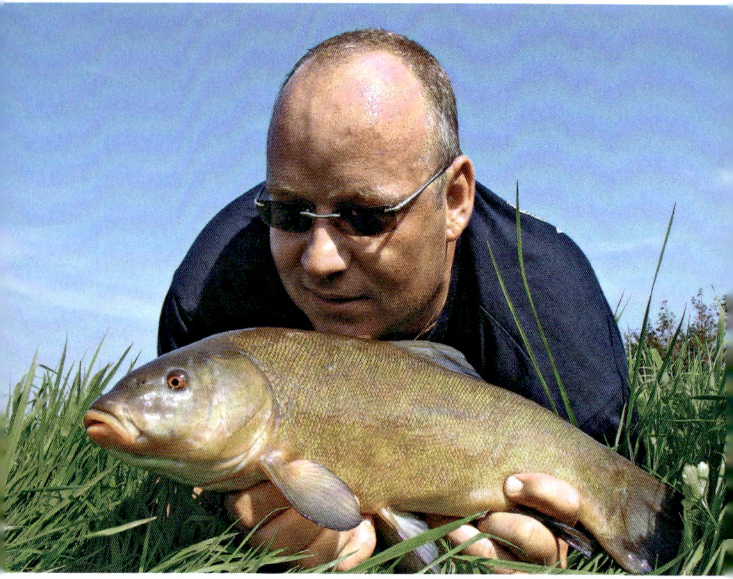

Laufposen-Montage

Die Feststell-Pose hat ihre Grenzen. Da man die Pose nicht mit auf die Rolle spulen kann, wird es bei größeren Gewässertiefen immer schwieriger die Feststell-Pose zu verwenden. Dasselbe gilt für große Wurfweiten. Hier kommt die Laufpose zum Einsatz.

Montage

Für die Laufposen-Montage wird zuerst ein Stopperknoten an die Hauptschnur geknotet. Wie der funktioniert erfahren Sie auf der nächsten Doppelseite. Ist der Stopperknoten montiert wird eine Gummiperle auf die Hauptschnur gefädelt. Diese dient dazu die Pose am Stopperknoten abzubremsen. Nun wird die Pose aufgefädelt, denn alle Laufposen besitzen ein Öhr. Alles Weitere funktioniert im Grunde genauso, wie bei der Feststell-Pose. Also ausbleien und ausloten. Allerdings wird beim Ausloten nicht die Pose selbst verschoben, sondern der Stopperknoten.

Einsatz

Auch für die Laufpose gilt: so fein wie möglich, aber so stark wie nötig. Wenn Sie die Laufpose nutzen, weil Ihr Angelplatz recht weit vom Ufer entfernt ist, muss das Wurfgewicht hoch genug sein, um, diese Entfernung auch erreichen können. Das kann man mit Posen erreichen, die eine recht hohe Tragkraft haben. Denn, um die Pose dann auf Tiefe zu bringen ist ja auch dieses Gewicht nötig um die Pose auszubleien. Damit hat man dann ein Wurfgewicht, mit dem man auf recht große Entfernungen kommt. Trotzdem wird die Pose dann so fein wie möglich justiert, damit die Fische nicht zu viel Gegendruck beim Biss spüren. Fischt man in Ufernähe, aber es ist mit vier Metern oder mehr sehr tief, dann kommt es nicht darauf an, weit zu werfen. In diesen Fällen kann man auch sehr feine Laufposen verwenden, was natürlich gerade für scheue Fische immer von Vorteil ist.

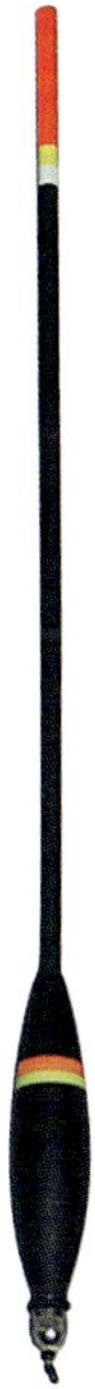

Der Waggler

Eine besondere Laufpose, und noch dazu mein Favorit ist der sogenannte, hier abgebildete, Waggler. Was macht den Waggler so besonders?

Der Waggler hat austauschbare Eigengewichte. Das hat den gewaltigen Vorteil, dass man bei sich verändernden Situationen, nicht unbedingt die komplette Posenmontage neu binden muss. Es reicht aus, das Eigengewicht der Pose zu ändern. Muss man beispielsweise weiter werfen, kann man das höhere Wagglergewicht aufschrauben. Natürlich dürfen Sie nie vergessen, die gesamte Montage korrekt auszubleien, denn mit dem Tausch des Eigengewichts des Wagglers ändert sich natürlich das Gesamtgewicht auf der Montage.

STOPPERMÖGLICHKEITEN

Es gibt verschiedene Möglichkeiten die Pose abzustoppen. So gibt es sogar vorgebundene Stopperknoten oder auch Gummistopper die man auffädeln kann. Man bekommt die Montage also auch hin, wenn man keinen Stopperknoten binden kann. Oder einfach weiterblättern und den Stopperknoten kennenlernen.

Der Stopperknoten

Wenn man einen Stopperknoten binden kann, ist man sehr flexibel, denn man kann eigentlich jede Schnur dafür benutzen. Am besten nutzt man die jeweils andere Schnurart, das bedeutet bei monofiler Hauptschnur macht man den Knoten aus multifiler Schnur und umgekehrt. Damit erreicht man einen stabilen Knoten, den man trotzdem noch verschieben kann. Würde man einen Stopperknoten mit monofiler Schnur auf monofile Schnur knoten, ist dieser schnell so fest, dass man ihn nicht mehr bewegen kann. Das ist in Ordnung, wenn man sicher ist, dass man nichts verändern muss. Sobald man variabel sein muss, ist das natürlich kontraproduktiv.

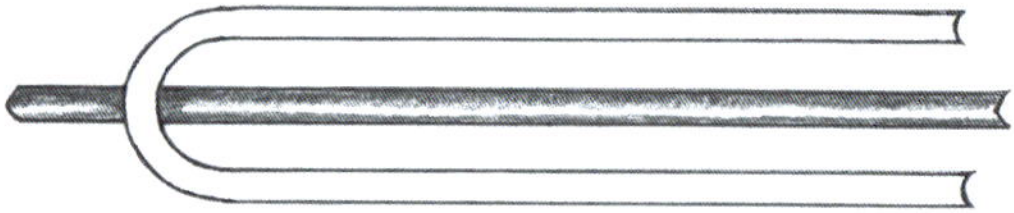

Schritt 1
Man benötigt etwa 25 cm der Schnur aus welcher der Stopperknoten gebunden werden soll. Diese Schnur wird nun als Schlaufe an die Hauptschnur gelegt.

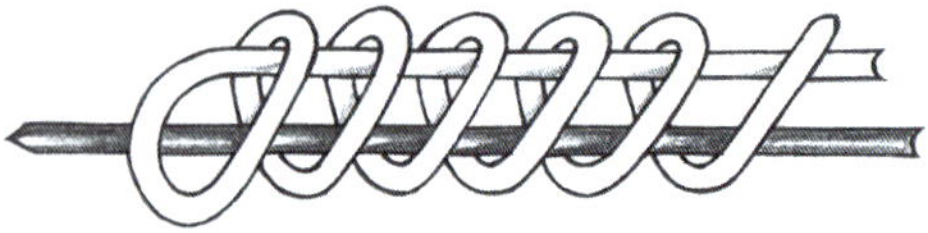

Schritt 2
Nun wird die Knotenschnur um die Hauptschnur und den zweiten Strang der eigenen Schnur gewickelt. Drei bis sechs Wicklungen sind ausreichend.

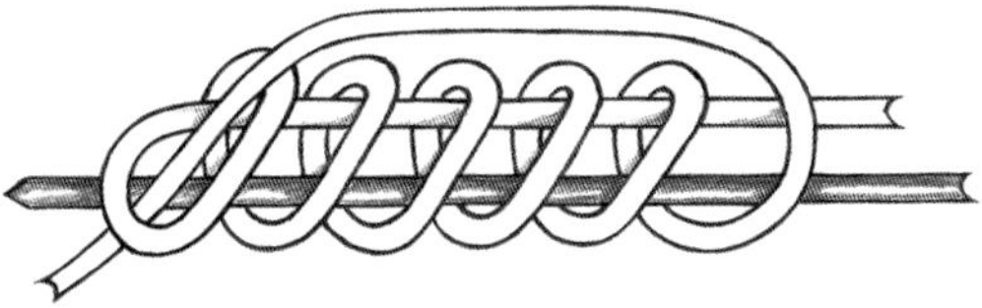

Schritt 3
Nach der letzten Wicklung wird das Schnurende wieder zurückgeführt und durch die am Anfang entstandene Schlaufe gezogen.

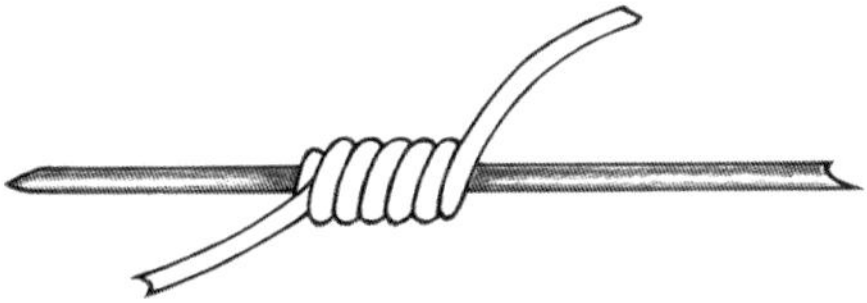

Schritt 4
Jetzt wird das Ganze leicht zusammengezogen, angefeuchtet und so weit festgezogen, dass der Knoten fest sitzt, aber dennoch verschoben werden kann. Beim Kürzen der Schnur bitte daran denken, dass der Knoten so fein sein muss, dass er gut durch die Schurringe der Rute gleitet.

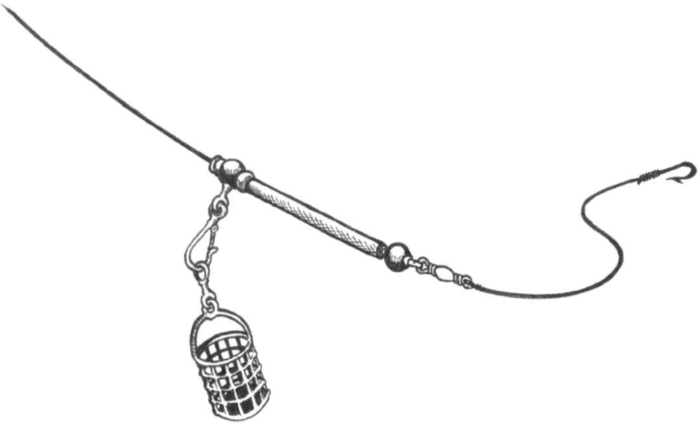

Die Futterkorb-Montage

Das Nutzen eines Futterkorbs ist ein cleverer Trick, um beim Angeln auf Grund in der Nähe des Hakenköders noch zusätzliches Futter zu platzieren. Es ist also ebenfalls eine typische Montage für das Angeln auf Weißfische.

Verschiedene Typen
Wie immer gibt es etliche verschiedene Futterkörbe. So gibt es zum Beispiel Durchlaufkörbe, auch Futterspiralen genannt, die man direkt auf die Hauptschnur fädeln kann. Andere Futterkörbe funktionieren über Plastikröhrchen, an welche man den Korb mittels eines Karabiners einhängen kann. Traditionell wurden und werden Futterkörbe auch immer noch über eine Schlaufe an die Schnur gebracht. Eine gute Schlaufe hierfür ist die Springerschlaufe, die Sie sich auf der nächsten Doppelseite ansehen können.

Einsatzgebiete
Das Angeln mit der Futterkorb-Montage geht immer auf Weißfische und das Angeln auf Weißfische hat immer sehr viel mit der richtigen Futterstrategie zu tun. So ist es am besten einen Angelplatz sogar einige Tage vorzufüttern. Hierbei sollte man das

Futter verwenden, welches später auch als Köder genutzt wird. Für Weißfische eignet sich eine Futtermischung aus Paniermehl, Mais und Maden. Auch andere Mehle wie Mais- oder Fischmehl eignen sich, außerdem können noch andere Zutaten dabei sein, wie Hanf- oder Weizenkörner. Am wichtigsten ist es, das Futter fest genug anzumischen, sodass man es in den Futterkorb pressen kann und es dort so fest sitzt, dass es den Auswurf auch übersteht. Trotzdem muss das Futter so locker angemischt sein, dass es sich am Gewässergrund nach und nach lösen kann, um verführerisch zu duften und Fische anzulocken.

Vorteile und Nachteile

Da die Montage über eine Schlaufe der Festblei-Montage ähnelt, ist der Nachteil, dass man nicht sehr flexibel ist. Diesen Nachteil umgeht man, wenn man Futterkorb-Montagen verwendet, die auf der Schnur laufen. Diese kann man mit wenigen Kniffen an unterschiedlichen Stellen festsetzen oder nach einem gewissen Schnurstück abstoppen. Man ist also sehr flexibel. Wie immer gilt für jede Situation, gibt es auch immer eine spezielle Lösung.

DIE MISCHUNG MACHT'S

Verwenden Sie als Köder immer wieder unterschiedliche Zutaten in der Futtermischung, also beispielsweise mal die Made und dann wieder das Maiskorn, denn auch Fische mögen es auf Dauer nicht eintönig.

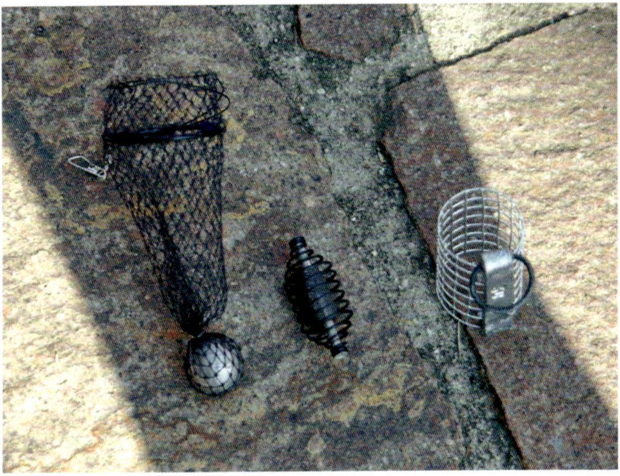

Verschiedene Futterkörbe

Die Springerschlaufe

Die Springerschlaufe ist eine perfekte Möglichkeit mit Futterkorb oder Seitenarm zu angeln. Man benötigt für das Binden der Springerschlaufe ein kleines Hilfsmittel: Ein Holzdübel oder ein Streichholz sind geeignet.

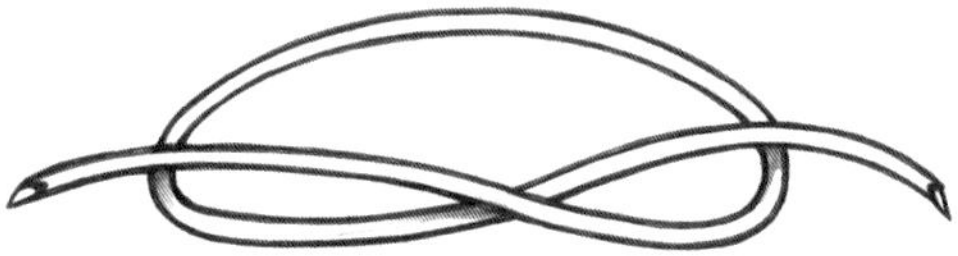

Schritt 1
Zuerst wird ein normaler, lockerer Überhandknoten mit zwei Windungen in die Schnur gebunden.

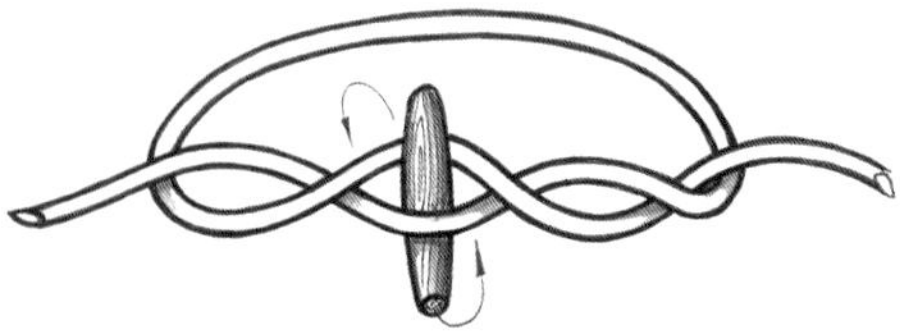

Schritt 2
Nun schiebt man das Hölzchen in die mittlere Schnuröffnung und windet es immer wieder um sich selbst, zwei bis fünf Windungen sind ausreichend. Nun wird der Schnurbogen durch die Öffnung gesteckt, in welcher das Hölzchen steckt, und dabei das Hölzchen entfernt.

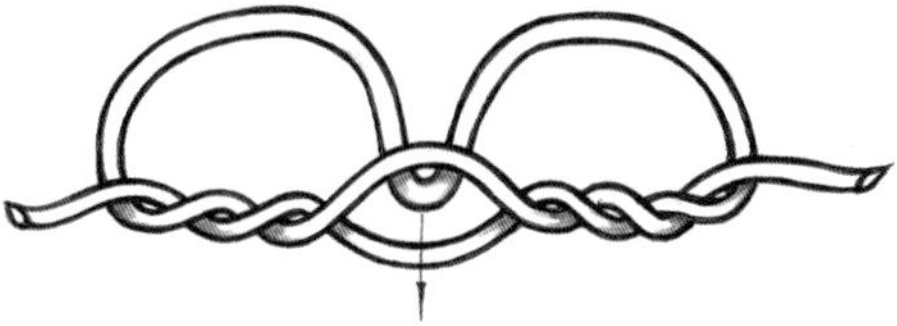

Schritt 3
Dieser Knoten erfordert etwas Übung. Jetzt kann man mit dem Mund die entstandene Schlaufe festhalten während man mit den Händen die beiden Schnurenden auseinanderzieht.

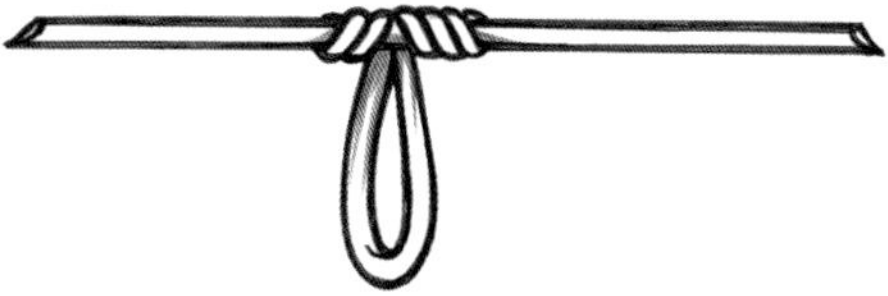

Schritt 4
Jetzt noch anfeuchten und festziehen, fertig ist die Springerschlaufe. Nun können beliebige Dinge mit der Schlaufe kombiniert werden: Futterkörbe, Bleie oder auch Seitenarme.

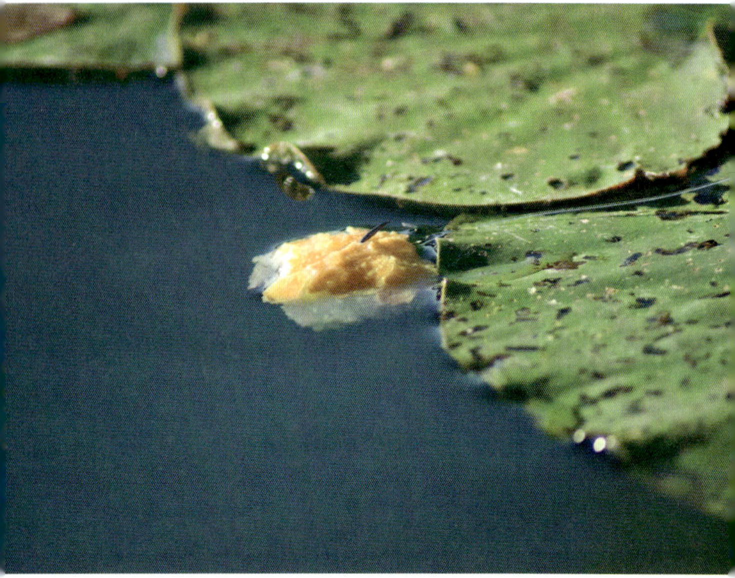

Die Oberflächen-Montage

Es gibt immer wieder Situationen oder Wetterbedingungen, die dafür sorgen, dass Fische Nahrung von der Oberfläche nehmen. Dann sollte man in der Lage sein, eine Montage zu verwenden, die das Fischen an der Oberfläche erlaubt. Oberflächenangeln ist extrem spannend und gehört zu den aufregendsten Arten der Angelei.

Controller – der Profi

Die Oberflächenmontage mit Controller ist sicherlich die ausgeklügeltste Montagenvariante. Controller sind ca. 15 cm lange, zigarrenförmige Kunststoffbissanzeiger. Auf den ersten Blick ähneln sie großen Posen. Aber Controller besitzen an ihrem feuerroten Kopf eine Öse und am unteren Ende ein Bleigewicht, welches als Wurfgewicht dient. Dabei hat der Controller trotzdem eine ausreichende Tragkraft, sodass der rote Kopf nach dem Auswurf auf der Oberfläche schwimmt.
Die Montage ist relativ einfach: Zuerst kommt ein Stopper auf die Hauptschnur (siehe Seite 60), dann eine Gummiperle, nun der Controller und anschließend eine Gummiperle als Knotenschutz. Der erste Stopper ist nötig für die Bissanzeige, denn sonst könnte der Fisch mit dem Köder

unendlich viel Schnur durch den Controller ziehen, ohne dass es der Angler bemerkt.
Ein Nachteil des Controllers ist der recht laute Einschlag beim Auswurf, der durch das Wurfgewicht entsteht. Darum sollte man mit einem langen Vorfach fischen, damit der Köder in einiger Entfernung zum Controller zu liegen kommt.
Einer der besten Köder ist die Brotflocke, denn in ihr lässt sich prima ein Haken verstecken und sie schwimmt gut auf der Oberfläche.

Wasserkugel – einfach und sensibel

Etwas sensibler, also nicht so laut, ist die Oberflächenmontage mit der Wasserkugel. Wasserkugeln sind extrem leicht zu montieren. Sie haben zwei enge Ösen, durch die die Hauptschnur geführt wird. Allein dadurch sitzt die Wasserkugel fest genug für den Auswurf, trotzdem lässt sie sich auf der Schnur variabel verschieben. Das Wurfgewicht variiert man durch Einfüllen von Wasser in die Kugel. Normalerweise sind Wasserkugeln transparent. Das ist von Vorteil, um Vertrauen für sensible Fische zu schaffen, allerdings muss man sehr fokussiert sein, um die sie noch als Bissanzeiger nutzen zu können.

Freie Leine – Indianerstyle

Die perfekteste Methode für das Oberflächenangeln ist die freie Leine. Hierbei wird der Haken direkt ans Ende der Hauptschnur geknotet, die Brotflocke auf dem Haken platziert und dann folgt der geräuschlose Auswurf. Selbstverständlich ist man durch das komplett fehlende Wurfgewicht in der Weite beschränkt, aber durch die Lautlosigkeit, mit der man auswirft, kann man die Fische beim Sonnenbaden auch sehr ufernah zum Anbiss überreden.

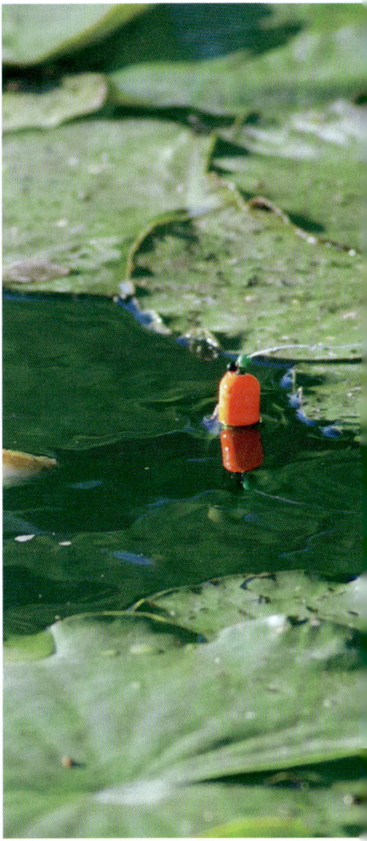

Der Controller im Einsatz

Schaftknoten für Öhrhaken

Für jede Form der Oberflächenmontage ist es angeraten, einen Öhrhaken ans Ende zu knoten, egal ob an ein langes Vorfach oder direkt an die Hauptschnur.

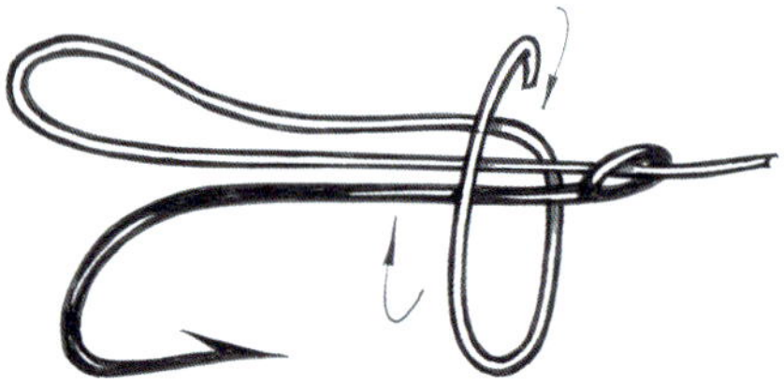

Schritt 1
Zuerst wird die Schnur durch das Öhr des Hakens am Schaft entlanggeführt und mit dem eingefädelten Ende eine Schlaufe gelegt. Dabei muss darauf geachtet werden, dass das Ende der Schnur lang genug gelassen wird.

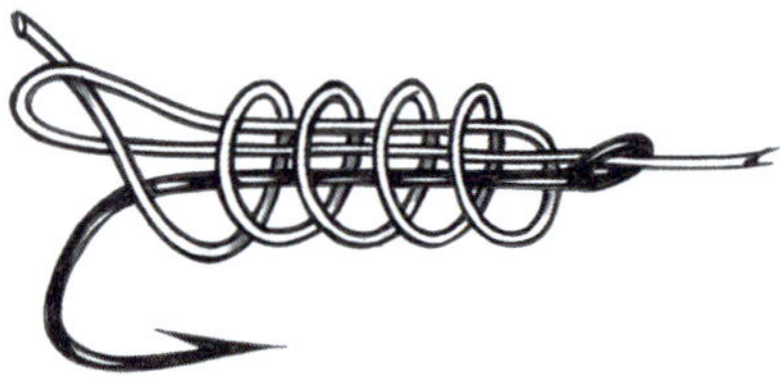

Schritt 2
Jetzt das Ende der Schnur an Schaft und Schlaufe sauber nach unten wickeln. Immer darauf achten, dass die Wicklungen nebeneinander liegen, damit die Schnur nicht gequetscht wird. Je nach Größe des Hakens fünf bis acht Wicklungen nach unten legen und kurz vor dem Hakenbogen durch die vorhandene Schlaufe fädeln.

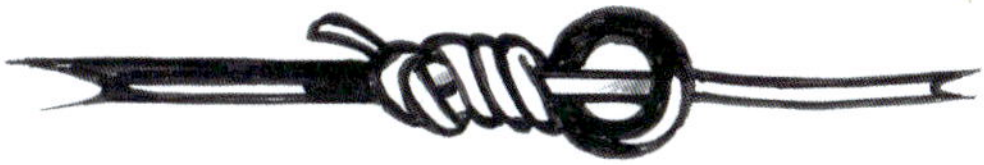

Schritt 3

Knoten vorsichtig anziehen, sodass er am hinteren Schaft anliegt. Dann anfeuchten und strammziehen, damit der Knoten fest unter dem Öhr sitzt. Das Schnurende einkürzen und gegebenenfalls erhitzen (nur bei monofilen Schnüren).

HAKENSCHAFTKNOTEN

Der Plättchen-Knoten, den Sie auf Seite 12 finden können, und der Schaftknoten für Öhrhaken sind im Grunde genommen identisch. Allerdings wird beim Öhrhaken der Knoten durch das Öhr gefädelt, beim Plättchenknoten wird er nur vom Hakenplättchen gehalten. Dieser Knoten ist für die feine Fischerei mit sehr kleinen Haken gedacht.

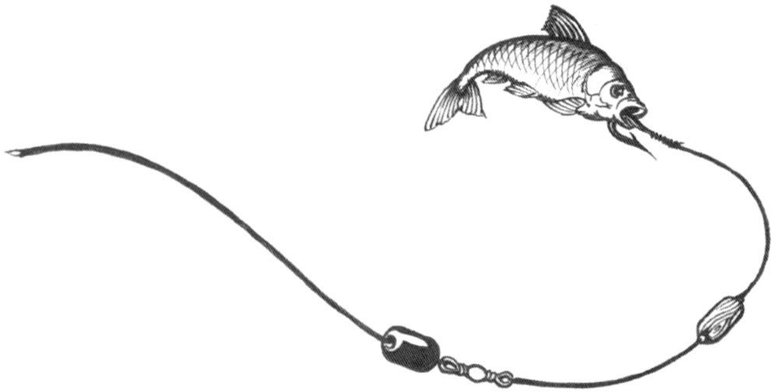

Grundmontage für Köderfisch

Die natürlichste Art des Raubfischangelns ist das Angeln mit dem Köderfisch. Seit dieser nur noch tot verwendet werden darf, versucht man, dem toten Köder mit ein paar Tricks etwas Leben einzuhauchen. Ob nun die früher noch lebenden Köderfische überhaupt besser gefangen haben sei dahingestellt, Fakt ist natürlich, dass im Rahmen des Tierschutzes so etwas heute gar nicht mehr geht.

Blei-Varianten
Alle Varianten, die Montage auf den Grund zu bekommen, wurden im Grunde genommen schon besprochen. Auch beim Grundangeln mit Köderfisch kann man die Montage mit dem direkt aufgefädelten Lochblei durch eine Variante mit Plastikröhrchen und Karabiner oder mit dem Tiroler Hölzchen an den Grund bringen. Beim Raubfischangeln gilt: „So schwer wie nötig – so leicht wie möglich". Jeder Raubfisch, egal ob Hecht, Zander oder Aal, mag es nicht, wenn er zu viel Widerstand spürt. Darum fischt man in diesen Fällen auch immer mit einer Laufblei-Montage. Man kann mit einem Stopper arbeiten, dieser sollte aber erst sehr weit hinten auf der Hauptschnur montiert

werden, damit der Fisch anfangs keinen Widerstand spürt.

Köder-Präsentation

Die Köderfische dürfen, gerade wenn es im Herbst auf die großen Hechte geht, ausgesprochen groß sein. Keine Angst vor Rotaugen von 20 cm. Solche Brocken sollte man aber mit Doppeldrilling am Stahlvorfach befestigen. Hierfür wird der Köder im Bereich der Schwanzwurzel mit der Ködernadel durchstochen und das Vorfach durchgezogen. Der erste Drilling wird im Bereich der Kiemen des Rotauges befestigt, der zweite in der Flanke des Köderfisches.
Auf Zander und Aal sind die Köder-Präsentationen deutlich sensibler. Sollte man in einem hechtfreien Gewässer angeln, kann sogar auf das Stahlvorfach verzichtet werden. Empfehlenswert ist ein kleiner Köderfisch der einfach mit der Maulköderung auf dem Einzelhaken angebracht wird. Mit Balsaholz kann leichter Auftrieb erreicht werden. Man kann es vor dem Köderfisch auf dem Vorfach anbringen oder sogar ein kleines Stück in das Maul des Köderfisches schieben. Beide Varianten werden häufig genutzt.

AUF ALLES

Will man mit dem Köderfisch angeln und sich die Chance erhalten Hecht, Zander oder Aal zu erbeuten, sollte man eher kleine Köderfische , aberzumindest ein Hardmono-Vorfach verwenden. Dieses muss nach jedem Drill auf Bisspuren kontrolliert werden, denn Hardmono ist nun mal kein Stahl und somit viel anfälliger bei Hechtzähnen.

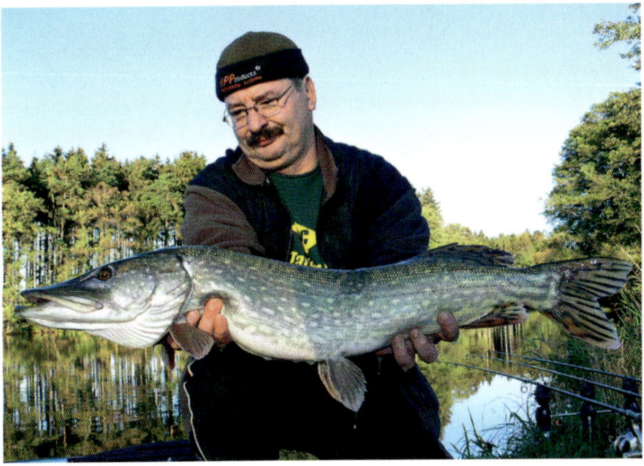

Hecht auf toten Köderfisch am Grund

Der Blutknoten

Gerade wenn man auf einen Wirbel verzichten und stattdessen mit einem Schnur-zu-Schnur-Knoten arbeiten möchte, ist der Blutknoten eine echte Alternative. Dieser Knoten verbindet vor allem gleich dicke Schnüre, also zum Beispiel eine starke Hauptschnur mit einem Hardmono-Vorfach.

Schritt 1
Die beiden Enden der zu verbindenden Schnüre werden aufeinander zugeführt und parallel zueinander gelegt.

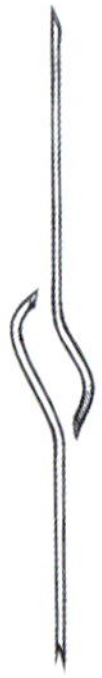

Schritt 2
An der Mitte der Stelle, an der die Schnüre parallel liegen, mit einer Hand die Schnüre festhalten, damit sie sich beim Wickeln nicht mitdrehen können. Nun das erste Schnurende, je nach Dicke der Schnur, drei bis fünfmal vom Haltepunkt aus nach oben um die andere Schnur wickeln und dann das Ende zum Haltepunkt zurück und durch die Schnur führen. Jetzt das Ganze so festhalten und mit dem anderen Schnurende genauso verfahren, aber von der anderen Seite beginnend, sonst wickelt sich alles wieder auf.

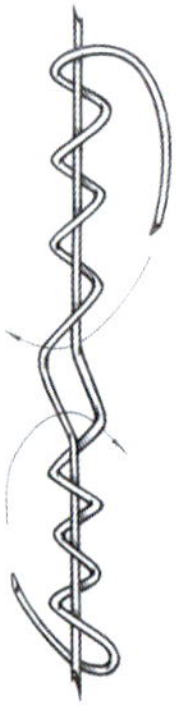

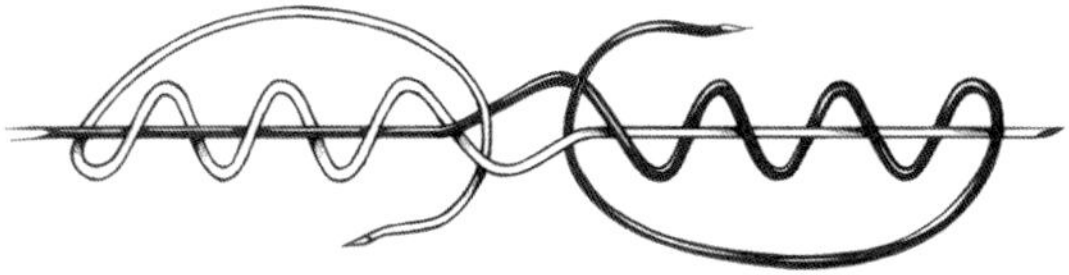

Schritt 3
Wenn die Schnüre gegeneinander gewickelt und durch die Haltestelle geführt sind, kann das Ganze vorsichtig angezogen werden. Der Knoten muss sehr genau gewickelt werden, damit die Wicklungen nicht aneinander scheuern. Am besten funktioniert das, wenn man das zweite Schnurende, direkt nach dem Durchfädeln leicht anzieht, dann kann sich nichts mehr lösen. Mit dem ersten Schnurende verfährt man anschließend genauso.

Schritt 4
Wenn der Knoten vorsichtig zusammengezogen wurde, kann er befeuchtet und festgezogen werden. Sind die Wicklungen sauber gelegt, entsteht ein relativ kleiner Knoten und die Enden stehen einmal nach unten und einmal nach oben ab. Sie können eingekürzt werden.

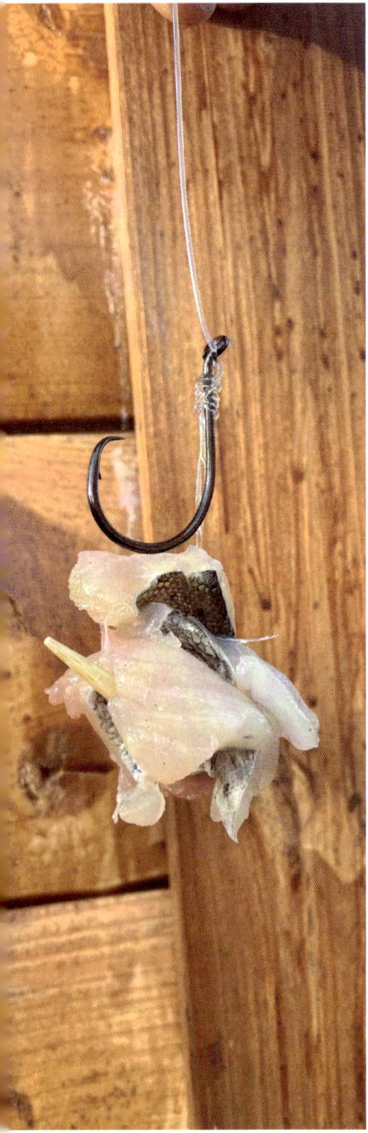

Hechte mit dem Kebap-Rig

Auch das Kebap-Rig für Hechte stammt aus dem Mutterland des Angelns, England.
Hechtpapst Mick Brown hat es sich ein wenig bei den Karpfenanglern abgeschaut und dann auch in Deutschland publiziert. Dabei kommt der Name Kebap natürlich vom bekannten Kebap-Spieß, auf dem Scheibe für Scheibe das Fleisch geschichtet wird. Beim Hecht-Kebap werden dementsprechend Köderfischstücke spießartig geschichtet.
Heute wird von einigen Herstellern Zubehör für das Kebap-Rig angeboten, unter anderem von der Firma Fox. Wenn man lieber bastelt oder am Wasser auf Kebap umbauen möchte und kein Fertigzubehör dabei hat, dann funktioniert das Ganze wie unten beschrieben auch wunderbar.

So geht's
Für den Spieß verwendet man einfach die Verlängerung des Vorfachs, soll bedeuten, genau wie beim Boiliefischen auf Karpfen verwendet man den No-Knot-Knoten. So kann man das Vorfach unter dem Haken je nach Wunsch 5 – 15 cm herausstehen lassen. In das Vorfachstück unter dem Haken wird eine Schlaufe gebunden.

Kebab schichten
Zum Aufziehen der Köderfischstückchen verwendet man eine

lange Ködernadel. Die einzelnen Stückchen sollten nicht breiter sein als ca. 3 cm. Jetzt werden nacheinander die Fischstückchen aufgestochen. Anschließend wird die bestückte Ködernadel in die Schlaufe des überstehenden Stahlvorfachs eingehängt und die Köderstücke darauf aufgezogen. Die Ködernadel wird wieder herausgezogen und der der Köder-Kebap mit einem kleinen Holzstückchen oder auch einem großen Boilie-Stopper fixiert. Schon ist das Ganze einsatzbereit. Natürlich ist es immer besser vor dem Anfertigen des Vorfachs die Länge des überstehenden Teils richtig abzuschätzen, allerdings kann man auch über die Anzahl und Dicke der Fischstückchen variieren. Auch Hardmono, wie auf dem Bild von Seite 74 kann verwendet werden. Bitte nach jedem Biss das Hardmono auf Verschleiß prüfen.
Das Kebap-Rig ist natürlich auch kein Wunderköder aber peppt die herkömmliche Angelei auf Hecht doch erheblich auf.

Köderfische
Die Köderfische sollten entweder frisch gefangen sein oder noch gefroren sein, sonst füttert man nur großflächig an. Bei gefrorenen Köderfischen ist ein weiterer Vorteil, dass beim Auftauen am Angelplatz über einen sehr langen Zeitraum die Duftstoffe freigegeben werden. Auch die Kombination von gefangenen Süßwasserköderfischen wie Rotaugen und gefrorenen Salzwasserfischen wie Heringen oder Makrelen ist sehr zu empfehlen.
Gefrorene Köderfische lassen sich am einfachsten in einer Kühltasche mit Kühlakkus transportieren. Diese gibt es inzwischen in fast jeder Größe und je nach Anzahl der Akkus halten sich die Köderfische häufig stundenlang im gefrorenen Zustand.

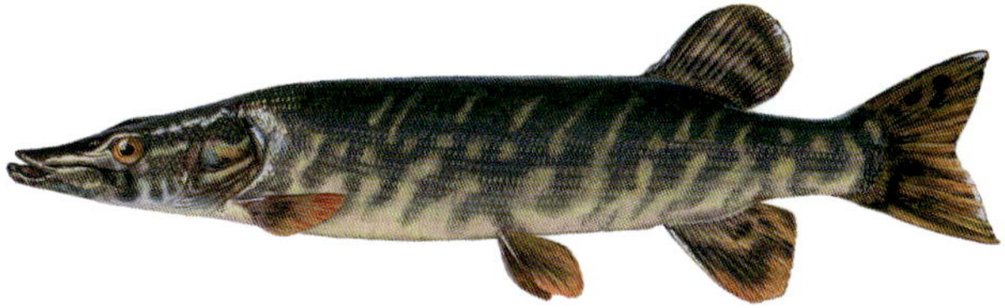

Der doppelte Grinner-Knoten

Anders als der doppelte Clinch-Knoten, ist der doppelte Grinner nicht einfach nur ein stärkerer Knoten. Statt eines Öhrknotens ist er ein Schnur-zu-Schnur-Knoten, kann also verwendet werden, um das Hecht-Kebap-Vorfach direkt mit der Hauptschnur zu verbinden.

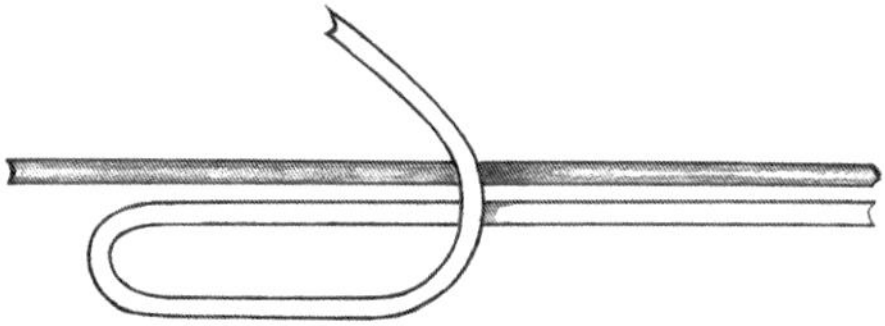

Schritt 1
Zuerst werden die beiden Schnüre nebeneinander und gegeneinander gelegt, sodass sie ca. 20 cm überlappen. Nun wird mit einem Schnurende eine Schlaufe gelegt und das Ganze mit einer Hand gehalten.

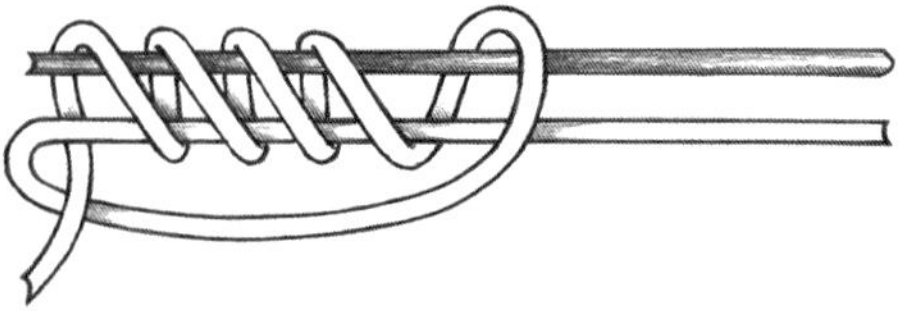

Schritt 2
Nun das Schnurende immer wieder durch die Schlaufe führen und um die beiden Schnüre herumwickeln, je nach Dicke der Schnur drei- bis sechsmal.
Zum Abschluss den ersten Knoten leicht anziehen.

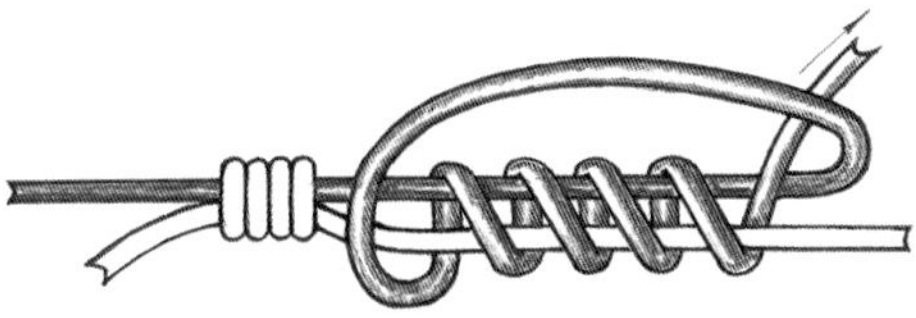

Schritt 3

Dies nun mit dem anderen Schnurende wiederholen. Achtung: Versuchen Sie nicht, zwanghaft die gleiche Anzahl von Wicklungen zu erreichen. Da der Knoten auch für unterschiedlich dicke Schnüre geeignet ist, sind gegebenenfalls auch unterschiedlich viele Wicklungen nötig.

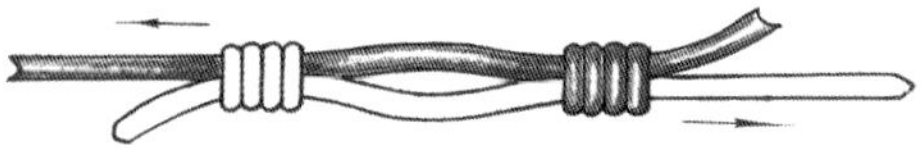

Schritt 4

Sind beide Knoten leicht festgezogen, die Schnüre anfeuchten und beide Hauptstränge in entgegengesetzte Richtung ziehen, wodurch sich die Knoten in der Mitte zu einem Knoten zusammenziehen.

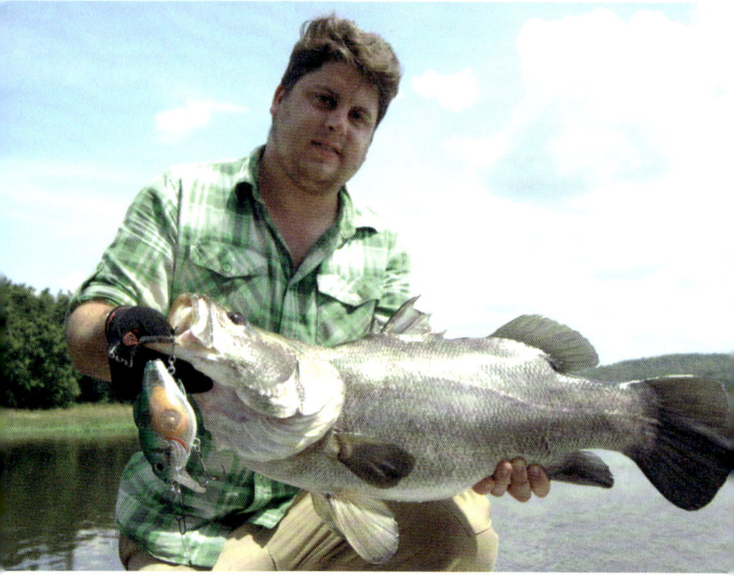

Die Kunstköder-Montage

Kunstköder zum Spinnfischen gibt es in einer nahezu unfassbaren Vielfalt. Von winzig klein bis riesig groß, von Metall über Kunstsoff oder gar Holz bis hin zu Gummi. Schon aus diesem Grund ist es schwierig, die eine Kunstköder-Montage vorzustellen. Darum hier ein paar Möglichkeiten und Kniffe, um darzustellen worauf es ankommt.

Der Klassiker

Die klassische Kunstköder-Montage ist natürlich auch beim Spinnfischen die Montage mit dem Stahlvorfach. Hierbei können Sie auf den Seiten 34 bis 37 nachschlagen, welche Formen von Stahlvorfächern es gibt und wie man sie knotet oder, besser gesagt, quetscht. Stahlvorfächer sind relativ unbeweglich und eignen sich daher eher für große Kunstköder, die sich nicht viel bewegen müssen. Beispiele hierfür sind große, klassische Heinz-Blinker, aber auch große Wobbler.
Um trotzdem noch eine gewisse Beweglichkeit in den Köder zu bringen, muss vor allem die Verbindung von Stahlvorfach zu Kunstköder möglichst flexibel sein. So kann man große Kunstköder grundsätzlich mit Sprengringen ausstatten und am Ende

des Stahlvorfachs einen Doppel-Karabiner anbringen. Der Karabiner läuft dann relativ beweglich in der Schlaufe des Stahlvorfachs und genauso im Sprengring des Kunstköders, der für den dritten beweglichen Punkt sorgt. Somit hat man auch mit dem starren Stahlvorfach noch immer eine bewegliche Köderführung.

Moderne Zeiten

Heutzutage wird immer mehr mit Hardmono gefischt. Dabei wird das Hardmono gerade beim Spinnfischen häufig genauso wie Stahlvorfach behandelt, wird also auch gequetscht. In diesem Fall kann man im Grunde genommen die Verbindung zum Kunstköder genauso gestalten wie beim Stahlvorfach.
Je kleiner die Kunstköder werden, desto feiner werden auch die Vorfach-Materialien. In diesen Fällen ist es das Beste die Kunstköder direkt anzuknoten. Hierfür gibt es spezielle Kunstköder-Knoten. Einer der bekanntesten ist der Rapala-Knoten, den Sie auf der nächsten Doppelseite kennenlernen.

SONDERFALL SPINNSTANGE

Auch heute wird noch immer auch mit Spinnstangen gefischt, die man fertig kaufen kann. Sie haben dann an beiden Enden die bestmöglichen Anschlussstellen für Köder. Natürlich kann man auch hier wieder für mehr Beweglichkeit sorgen, indem man mit zusätzlichen Karabinern oder Sprengringen arbeitet.

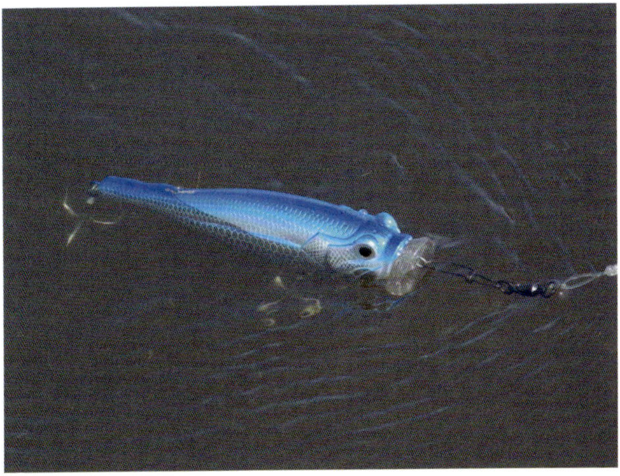

Ein Popper am Hardmono-Vorfach

Der Rapala-Knoten

Dieser Knoten wurde nicht ohne Grund nach einer großen Kunstköder-Marke benannt, ist er doch wirklich perfekt für alle Kunstköder geeignet.

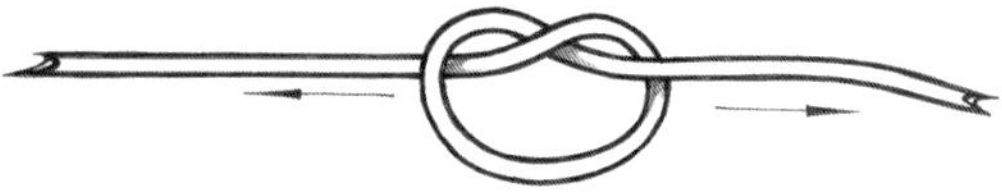

Schritt 1
Zuerst wird ein einfacher Überhandknoten locker in die Schnur gebunden, so dass ca. 20 bis 30 cm zum Schnurende Platz ist. Nun wird das Schnurende durch die Öse des Kunstköders geführt.

Schritt 2
Jetzt wird das Schnurende durch die Öse des lockeren Überhandknotens geführt und dann von oben nach unten drei- bis sechsmal um die Schnur herum gewunden.

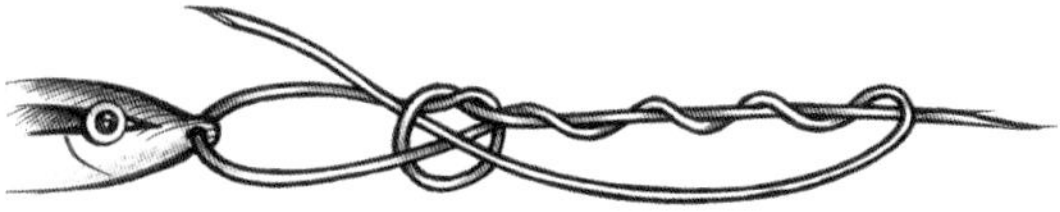

Schritt 3
Das Schnurende wird nun erneut durch die Öse des lockeren Überhandknotens geführt und leicht angezogen.

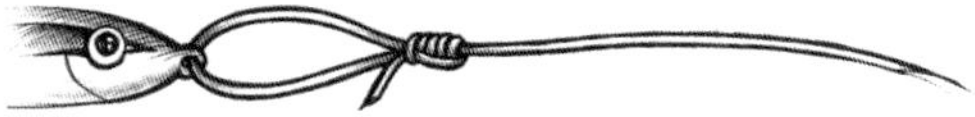

Schritt 4
Anschließend anfeuchten und festziehen. So entsteht eine Schlaufe, die die Beweglichkeit des Kunstköders perfekt fördert.

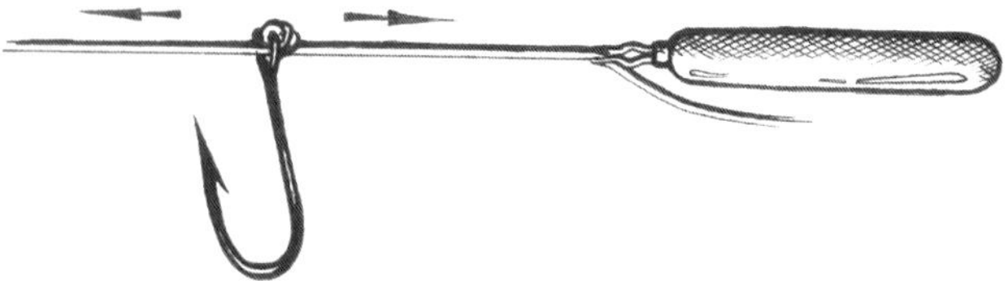

Die Drop Shot Montage

Natürlich fängt man auch mal einen Zander auf Drop Shot, aber Fakt ist: Die Methode selbst wurde von amerikanischen Schwarzbarschanglern erfunden und hat auch bei uns die Angelei auf Barsche extrem erfolgreich gemacht.

Köder

Am häufigsten werden kleine Gummiköder verwendet, wie die sogenannten No-Action Shads, aber diese Montage lässt sich durchaus auch für Naturköder nutzen. Dabei kommen Würmer aller Art, Blutegel oder auch Fischfetzen zum Einsatz. Bei sehr kleinen Köderfischen wie Elritzen kann man auch den ganzen Fisch verwenden.

Aufbau

Im Grunde genommen ist der Aufbau einer Drop Shot Montage wirklich sehr einfach. Man benötigt dafür einen Knoten, den man sonst eher nicht einsetzt: den Drop Shot Knoten. Sie finden ihn auf der nächsten Doppelseite. Man benötigt ein Fluorocarbon-Vorfach von ca. 1,5 m Länge. In die Mitte des Vorfachs wird nun mit dem Drop Shot Knoten ein langschenkliger Haken gebunden. Das Vorfach wird mit einem Schnur-zu-Schnur-Knoten, wie

Blutknoten, doppelter Grinner oder Albright mit der Hauptschnur verbunden. Am Ende des Vorfachs wird nicht wie sonst der Haken, sondern das spezielle Drop Shot Blei befestigt. Der Vorteil dieses Bleies ist, dass es eingeklemmt wird, wodurch der Abstand zwischen Blei und Haken und somit die Angeltiefe sehr einfach variiert werden kann.

Köderführung

So einfach die Montage selbst ist, muss man eben doch bedenken, dass die Köderführung selbst schwieriger ist. Mit Auswerfen und Einholen ist es nicht getan, dafür ist dies die falsche Montage. Drop Shot Angeln ist die Erfindung der Langsamkeit und eher eine Vertikal-Methode.
Man lässt die Montage am Steg, an der Brücke oder vom Boot aus auf den Boden herab und lässt das Blei sanft über den Boden tanzen. Ist das länger als 20 Minuten nicht vom Biss gekrönt, sollte man die Montage umsetzen. Dafür kurbelt man einfach nur das Blei wieder ein Stück hoch und lässt es an einer anderen Stelle wieder ab.

ZWEI ANBISSSTELLEN
Die Drop Shot Montage lässt sich durchaus auch mit zwei Anbissstellen nutzen. So können zum Beispiel zwei Haken mit dem Drop Shot Knoten eingebunden werden oder man benutzt anstatt des Drop Shot Bleis ein Jigkopf mit Gummifisch. Dieser muss natürlich angeknotet werden. Gerade mit mehreren Anbissstellen, muss vorsichtig abgelassen werden, damit die Montage sich nicht ineinander verheddert.

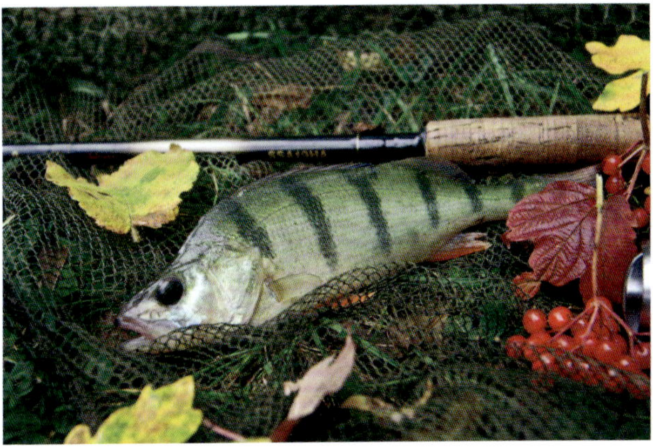

Typische Drop Shot Beute – der Barsch

Der Drop Shot Knoten

Der Drop Shot Knoten ist der Springerschlaufe nicht nur ähnlich, es ist sogar derselbe Knoten, nur eben mit einem Haken.

Schritt 1
Für die Drop Shot Methode ist es wichtig, den Haken zuerst einzubinden. Also ist der erste Schritt das Auffädeln des Hakens.

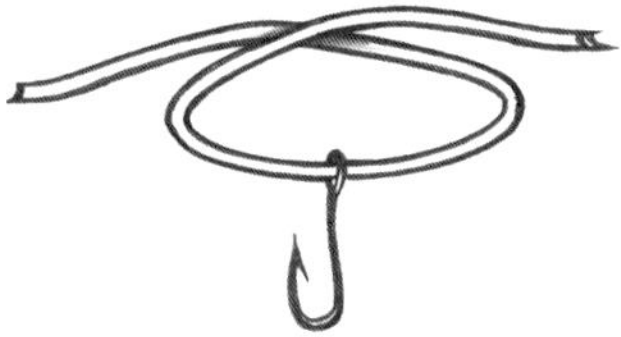

Schritt 2
Jetzt wird eine doppelte Überhandschlaufe gelegt und in der Mitte ein Hilfshölzchen eingeführt (Dübel, Streichholz, etc.). Mithilfe des Hölzchens wird die Schnur drei- bis fünfmal eingedreht.

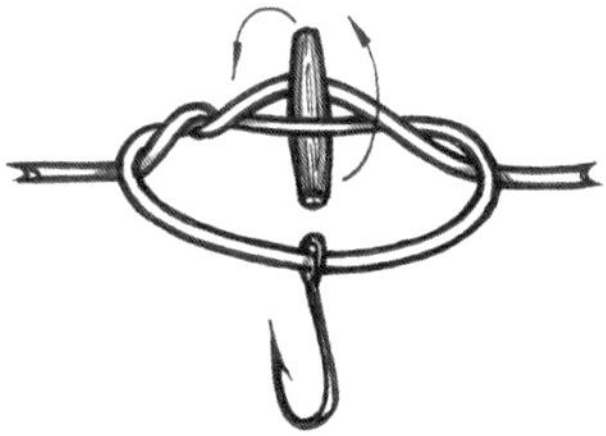

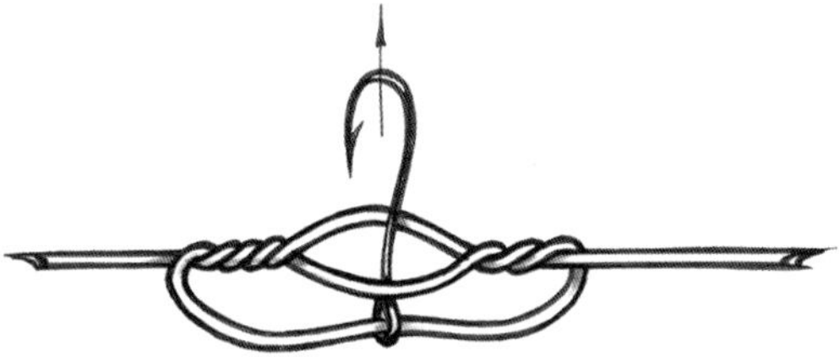

Schritt 3
Nun wird das Hölzchen entfernt und der Haken an Stelle des Hölzchens durch die Öffnung geführt. Das muss recht zeitnah passieren und benötigt ein wenig Übung.

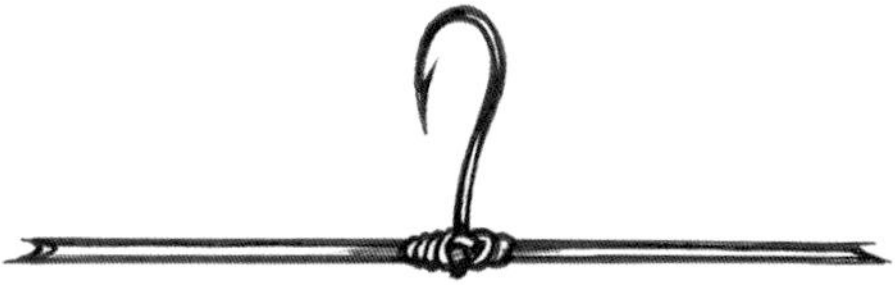

Schritt 4
Beide Schnurenden auseinanderziehen, sodass der Haken gut absteht. Zum Schluss anfeuchten und richtig festziehen, fertig.

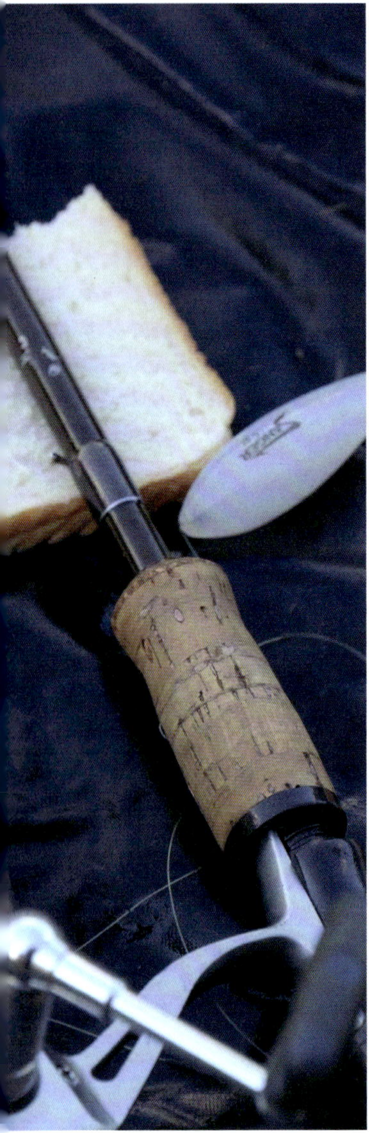

Die Sbirolino-Montage

Das Angeln mit Sbirolino hat in den letzten Jahren sehr an Popularität gewonnen. Eigentlich ist es eine Unterart des Spinnfischens, aber die schwimmenden Sbirolinos lassen sich auch hervorragend zum Oberflächenangeln verwenden.

Der Aufbau
Der Sbirolino wird als erstes und direkt auf die Hauptschnur aufgefädelt. Anschließend folgen eine Gummiperle und ein Wirbel. Je nach Verwendung wird gern ein Dreifachwirbel angeknotet. Dieser ist von Bedeutung, wenn man mit recht kleinen Ködern Spinnfischen möchte, denn in dieser Situation kann der Dreifachwirbel das Verdrallen der Schnur eindämmen. Auf die andere Seite des Wirbels kommt typischerweise ein Fluorocarbon-Vorfach, da mit Sbirolino meistens auf Forellen geangelt wird. Ans Ende des Vorfachs kommt ein Haken, der mit Köder bestückt wird, oder ein kleiner elastischer Köder, der mit Haken ausgestattet ist.

Verschiedene Möglichkeiten
Grundsätzlich kann man sagen, dass der Sbirolino ein Wurfgewicht ist, dass zusätzlich der Köderführung dient. So gibt es auch etliche unterschiedliche Sbirolino-Modelle: schwimmend, langsam sinkend, schnell sinkend.

Das dient natürlich der Variabilität. Jagen also die Forellen im Frühjahr an der Oberfläche, verwendet man den schwimmenden Sbirolino. Und wenn die Forellen ihre Beute eher am Grund suchen, dann muss der Schnellsinker her. Selbstverständlich gibt es dazwischen noch viele Möglichkeiten für verschieden schnell sinkende Modelle.

Spezialität Oberfläche

Auch für andere Fischarten wurde der Sbirolino „missbraucht". Gerade für Fische, die man immer wieder mal an der Oberfläche erwischen kann, ist es sehr einfach eine Oberflächen-Montage mit dem Sbirolino zu bauen. Dabei kann man seine Montage sogar komplett so lassen wie sie ist. Allerdings empfiehlt es sich einen Stopperknoten vorzuschalten, damit der Sbirolino zusätzlich als Bissanzeiger genutzt werden kann. Im Grunde funktioniert das dann wie das Angeln mit dem Controller, das schon auf Seite 66 beschrieben wurde.

OBERFLÄCHE

Es ist sicherlich am besten, eine dafür vorgesehene Montage wie den Controller zu verwenden. Aber wenn man gerade nur den Sbirolino dabeihat und die Karpfen an der Oberfläche stehen, dann nix wie umbauen. Das Vorfach sollte dann natürlich recht lang sein, damit genügend Abstand zwischen Sbirolino und Brotflocke ist. Ein Stopperknoten (Seite 60) ist auch sehr zu empfehlen.

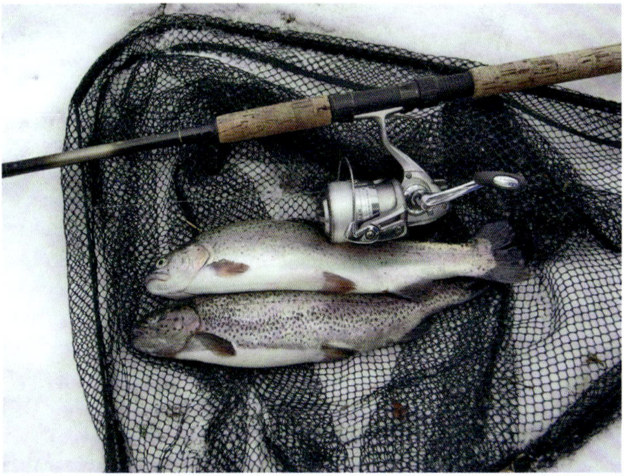

Die typische Sbirolino-Beute – Regenbogenforellen

Die Duncon-Schlaufe

Mit der Duncon-Schlaufe kann man Haken sehr beweglich an das Vorfach knoten, dies ist gerade auch für das Sbirolino-Fischen mit Naturködern von großem Vorteil.

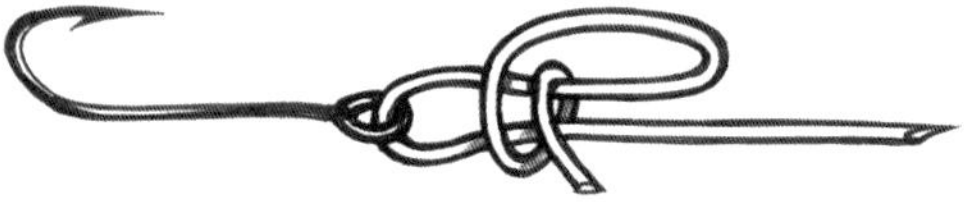

Schritt 1
Zuerst wird die Schnur durch das Öhr geführt. Nun wird die Schnur parallel an der Schnur selbst entlang nach oben geführt. Drei bis fünf Zentimeter vor dem Öhr mit dem Finger die parallel liegenden Schnüre festhalten und das Schnurende wieder nach unten in Richtung Öhr führen, sodass neben den parallel liegenden Schnüren noch eine Schlaufe entsteht.

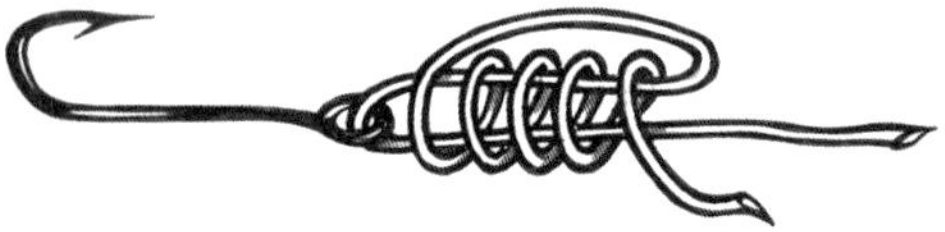

Schritt 2
Nun die Schnur von unten nach oben durch die entstandene Schlaufe führen, sodass beide parallel liegenden Schnüre umwickelt werden. Fünf bis acht Wicklungen legen.

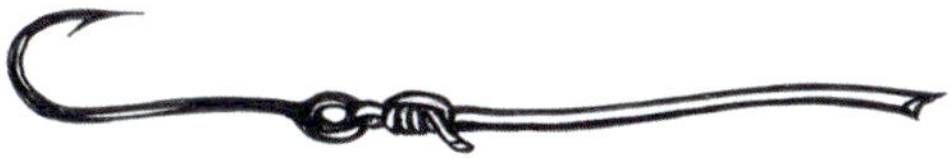

Schritt 3
Knoten vorsichtig in Richtung Öhr anziehen, aber darauf achten, dass ein klein wenig Platz zum Öhr bleibt. Anschließend anfeuchten, strammziehen und einkürzen.

BEWEGLICHKEIT
Dieser Knoten ist in Situationen gefragt, in denen der Haken beweglich sein muss. Das gilt natürlich für das Angeln mit Sbirolino, aber genauso für das Dropshot-Angeln.

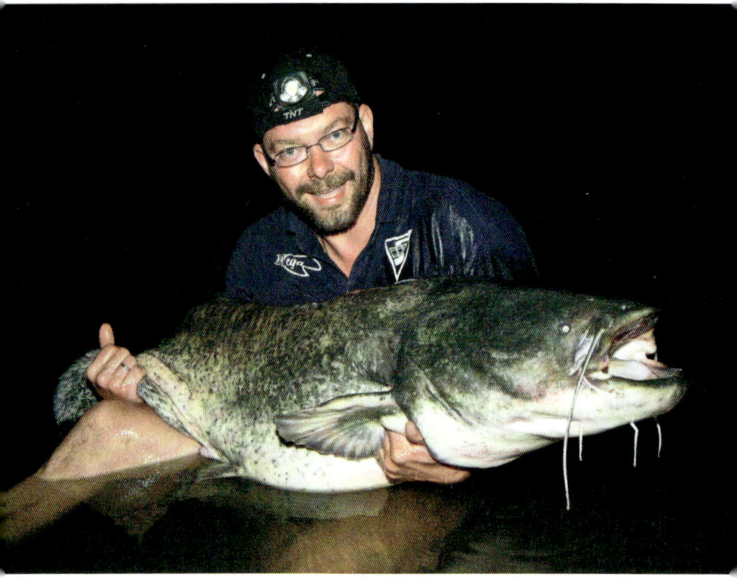

Die Abriss-Montage

Die Abriss-Montage wird auch Bojen-Montage genannt, da sie am häufigsten mit Bojen aller Art durchgeführt wird. Das können Wasserkanister sein oder andere Dinge, die auf der Oberfläche schwimmen.

Abriss-Montagen können aber auch direkt an Bäume oder Ähnliches gebunden werden, diese müssen aber sehr nah am Wasser stehen. Ich beschreibe die Montage als Bojen-Montage. Diese Montage ist grundsätzlich für Waller gedacht, hält man sie aber feiner, funktioniert sie durchaus auch auf große Hechte.

Funktionsweise und Aufbau

Die Boje wird mittels eines schweren Steins am Grund fixiert. Hierfür muss die Tiefe genau bestimmt werden, damit die Boje einerseits an der Oberfläche schwimmt und andererseits festen Halt am Gewässergrund hat. Die Schnur zum Halten der Boje darf sehr stark sein.

Nun wird an der Boje eine sogenannte Abrissleine befestigt. Diese sollte eine Länge von drei bis fünf Metern haben und einen Durchmesser von 0,25 bis 0,30 mm besitzen. Nun wird die Abrissleine dem Wirbel verbunden, der auch die Hauptschnur

und das Vorfach verbindet. Auf dem Vorfach sitzt ein Schwimmer, aber auch ein Blei, das den Köderfisch auf Tiefe bringt. Gern wird für das letzte Stück noch ein weiteres Vorfach aus Kevlar benutzt.
Nun wird das Ganze auf Spannung gebracht. Hierfür werden die Angelruten in einem sehr stabilen Rutenhalter senkrecht nach oben aufgestellt und die Spur bei nahezu komplett geschlossener Rollenbremse gespannt.
Der Waller sollte nun den Fisch nehmen und dabei die Abrissleine sprengen, durch deren Widerstand wird sich der Haken aber bereits im Wallermaul festsetzen. Es kommt zur Flucht und spätestens jetzt bemerkt dies der Angler und der Drill kann beginnen.

Situationsabhängig
Stehen direkt am Wasser Bäume oder auch Masten, ist es einfacher die Abrissleine direkt daran festzumachen. Man erspart sich dann die Suche nach einem Stein und das genaue Festlegen der Schnurlänge, die die Boje am Grund festhält.

STABIL
Diese Angelmethode darf mit Fug und Recht als rustikal bezeichnet werden. Die Ruten müssen absolut stabil stehen. Es gibt hierfür verschiedene Möglichkeiten, zum Beispiel Rod Pods oder auch Einzelrutenständer aus Edelstahl. Es muss kein Edelstahl sein, aber es muss auf jeden Fall stabil sein. Unterschätzen Sie niemals die Kraft und Wucht eines Wallerbisses.

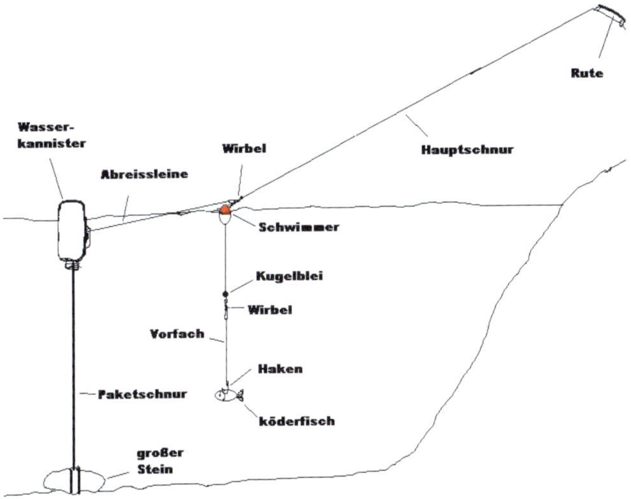

Der Kanada-Knoten

Mein absoluter Lieblingsknoten, wenn es um das verbinden zweier starker Schnüre geht, beispielsweise eine starke Hauptschnur mit einem Kevlar-Vorfach.

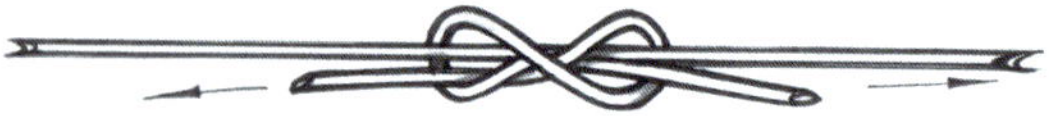

Schritt 1
Zuerst einen doppelten Überhandknoten in die dickere Schnur binden und leicht anziehen, sodass eine „Acht" entsteht. Durch diese „Acht" die dünnere Schnur hindurchziehen, ca. 20 cm.

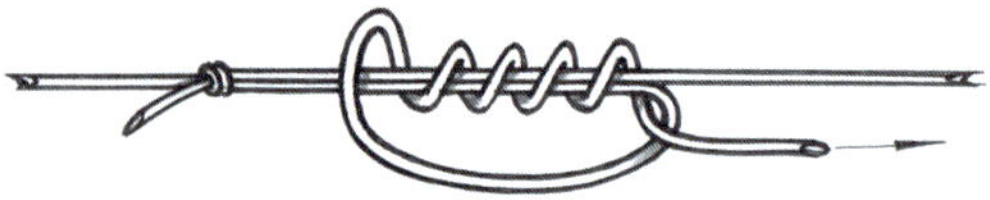

Schritt 2
Den Überhandknoten in der dickeren Schnur festziehen und einkürzen. Nun mit der dünneren Schnur eine Schlaufe bilden und fünf Windungen durch die Schlaufe und um beide Schnüre legen. Am Ende durch die Schlaufe ziehen.

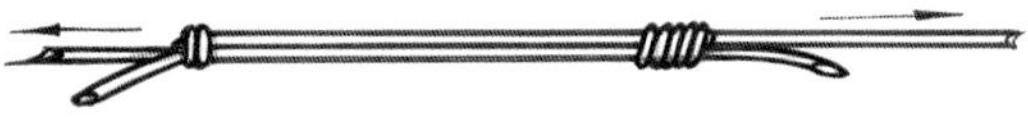

Schritt 3

Auch den Knoten in der dünneren Schnur jetzt leicht anziehen. Beide Einzelknoten anfeuchten und beide Schnurenden in unterschiedliche Richtungen ziehen.

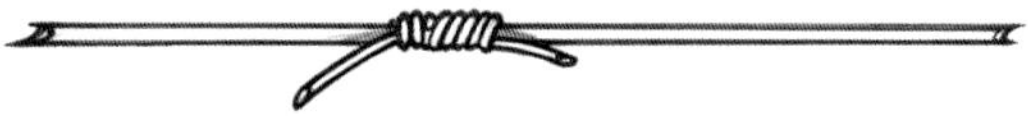

Schritt 4

Beim Ziehen an den Schnurenden rutschen die beiden Knoten zusammen, jetzt sollte noch einmal angefeuchtet werden, bevor das Ganze fest angezogen wird. Den Knoten in der dünneren Schnur ebenfalls einkürzen und fertig. Der Knoten wird auch gern beim Brandungsangeln verwendet, um Schlagschnüre vorzuschalten.

Welcher Angelfisch —— ist das?

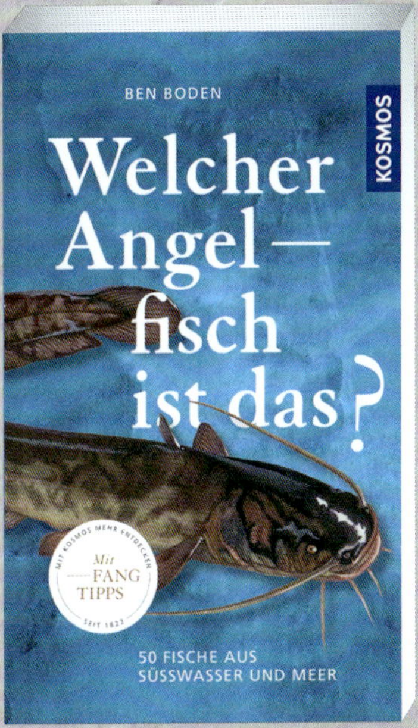

112 Seiten

Dieser praktische Ratgeber stellt die 50 häufigsten Angelfische in Süß- und Salzwasserrevieren vor. Zu jeder Art gibt es sowohl ein Foto als auch eine Illustration, um ähnliche Fische sicher zu unterscheiden.
Ergänzt werden die Bilder durch kompakte Informationen zu Merkmalen und Lebensweise sowie Fangtipps zu jedem Fisch. Das handliche Format passt in jeden Angelrucksack und ermöglicht schnelles Bestimmen direkt vor Ort.

Bildnachweis

Mit 4 Farbfotos von Heinz Kersten (Seiten 42, 43, 50 und 51), 1 von Hendrick Reschke (Seite 71), 1 Foto von Jürgen Proske (Seite 86) und 43 Fotos von Ben Boden
Mit 1 Illustration von Claus Caspari (Seite 75) und 73 Illustrationen von Kai Elzner

Impressum

Umschlaggestaltung von Jorge Schmidt unter Verwendung eines Farbfotos von Ben Boden und einer Illustration von Kai Elzner.

Mit 49 Farbfotos und 75 Illustrationen.

Alle Angaben in diesem Buch erfolgen nach bestem Wissen und Gewissen. Sorgfalt bei der Umsetzung ist indes dennoch geboten. Der Verlag und der Autor übernehmen keinerlei Haftung für Personen-, Sach- oder Vermögensschäden, die aus der Anwendung der vorgestellten Materialien und Methoden entstehen könnten.

ISBN 978-3-440-17240-7
Redaktion: Ben Boden
Gestaltungskonzept: Peter Schmidt Group GmbH, Hamburg
Gestaltung und Satz: DOPPELPUNKT, Stuttgart
Produktion: Markus Schärtlein
Druck und Bindung: Westermann Druck, Zwickau
Printed in Germany / Imprimé en Allemagne